规范协调与角色选择

跨国司法对话在制定与施行国际法中的作用

Mediating Norms and Identity

The Role of Transnational Judicial Dialogue in
Creating and Enforcing International Law

[美] 玛丽莎·A. 沃特斯 著
Melissa A. Waters

沈维敏 译

知识产权出版社
全国百佳图书出版单位
—北京—

Reprinted with permission of the publisher, Georgetown Law Journal © 2005

图书在版编目(CIP)数据

规范协调与角色选择:跨国司法对话在制定与施行国际法中的作用/(美)玛丽莎·A.沃特斯著;沈维敏译.——北京:知识产权出版社,2020.1
ISBN 978-7-5130-6165-0

Ⅰ.①规… Ⅱ.①玛… ②沈… Ⅲ.①国际法—研究 Ⅳ.①D99

中国版本图书馆CIP数据核字(2019)第050689号

责任编辑:庞从容 唐仲江　　责任校对:谷洋
封面设计:云羽视觉　　　　　责任印制:刘译文

规范协调与角色选择:跨国司法对话在制定与施行国际法中的作用

[美]玛丽莎·A.沃特斯　著　沈维敏　译

出版发行:知识产权出版社有限责任公司	网　址:http://www.ipph.cn
社　　址:北京市海淀区气象路50号院	邮　编:100081
责编电话:010-82000860转8726	责编邮箱:pangcongrong@163.com
发行电话:010-82000860转8101/8102	发行传真:010-82000893/82005070
印　　刷:三河市国英印务有限公司	经　销:各大网上书店、新华书店及相关专业书店
开　　本:880mm×1230mm　1/32	印　张:6.5
版　　次:2020年1月第1版	印　次:2020年1月第1次印刷
字　　数:100千字	定　价:58.00元
ISBN 978-7-5130-6165-0	

出版权专有　侵权必究
如有印装质量问题,本社负责调换。

作者简介

玛丽莎·A. 沃特斯（Melissa A. Waters），华盛顿圣路易斯大学法学院教授，麦道国际学者学会驻荷兰乌得勒支大学大使。耶鲁大学文学学士（历史学）、鲁汶大学法学硕士（国际法）、耶鲁大学法学博士。曾任教于凯斯西储大学法学院（Case Western Reserve University School of Law）、华盛顿与李大学法学院（Washington and Lee University School of Law）、范德堡大学法学院（Vanderbilt University Law School）。现任教于华盛顿圣路易斯大学法学院（Washington University School of Law）。在国际法、对外关系法、冲突法等领域卓有成就，系跨国司法对话理论奠基人之一，其论文曾被最高法院大法官安东尼·斯卡利亚（Antonin Scalia）引用。

译者简介

沈维敏，华盛顿圣路易斯大学法学博士候选人，《华盛顿大学全球法学评论》国际编委。复旦大学法学学士（国际政治）、麻省州立大学教育学硕士、华盛顿圣路易斯大学法学硕士。主要研究领域为国际法、比较法和跨国法。

中文版序

自学界开始关注"国内法院在世界范围内相互交谈"这一现象已经过去了大约二十五年。在这段时间里国内法院作为跨国行为者的身份迅速崛起,跨国司法对话成为了国内法院发展国际人权法的重要力量。然而,大多数学者将目光普遍集中在跨国司法对话对国际法内化的影响上,例如,对国内宪法发展的影响;学者们对等式的另一面——跨国司法对话对国际规范制定的影响,即对话在塑造国际人权规范的内容和制定这些规范过程中的作用却出乎意料地很少关注。本书探讨了跨国司法对话的作用和影响,并着重于国内法院作为规范内化者和规范创造者的作用。我认为国际法律规范和国内法律规范之间的关系可以被理解为是一种共构或协同的关系。根据这一关系,国内法院正在积极参与发展国际法的动态过程。

跨国司法对话对国内法院的工作产生了重大影响,例如,在关于死刑的对话中,国内法院不仅积极参与了国际法律规范的内化,而且也参与了制定国际法律规范的内容。正如我在书中所讨论的关于禁止残忍或不人道的惩罚这一国际法规范来说,三十年前,很少有法院考虑过将这一禁令朝着限制使用死刑的方向发展。但通过跨国司法对话,该禁令逐渐演化,在某些国家或地区涵盖了对死刑的真正限制。

此外,跨国司法对话最重要的特征也许是其对"司法"这一身份的变革性影响。从仅仅涉足国内法律范畴的国内行为者开始,到活跃于对话中的国内法院越来越多地将自己视为跨国行为者,国内法院正在树立国际人权准则与其国内法律制度之间调解员的新身份。

尽管跨国司法对话在国际人权规范的发展上已经有了深远的影响,对话的未来取决于各国国内法院作为跨国行为者这一身份在规范合法化方面的能力和视角上的选择。然而可以确信的是,在不断发展的全球法律体系中,跨国司法对话仍会成为解读国内法院身份与作用的关键因素。因此,对于那些对国际法制度下国内法院的可能性和局限性感兴趣的中国学者、法官和决策者来说,跨国司法对话是值得探索的。

我要感谢 Robert Ahdieh、Hiram Chodosh、Mark Drumbl、David Farnum、Laurence Helfer、Harold Hongju Koh、Leila Sadat 和 Michael Scharf 给予的支持和鼓励。本书部分内容受益于在亚利桑那州立大学、康涅狄格州立大学、休斯敦大学、马里兰大学、圣路易斯大学、杜兰大学、范德堡大学、华盛顿大学以及华盛顿与李大学的教师会议上所收获的评论。

欢迎读者对本书的下一版提出建议。

译者序

法律全球化是当今世界一大趋势。无论人们对"全球治理"或"国际法治"的概念是否存疑[1],都不得不承认,在全球化背景下出现的许多问题很难在民族国家内得到有效解决,更需要用国际视角予以考虑。令人感到惊讶的是,作为法律全球化推动者的美国,在法律全球化的运动当中却经常唱反调[2]。就国内层面而言,美国对于法律全球化的拒斥逐渐体现在其国内宪法判决当中对于外国法律资源的态度上。在世界其他国家的国内法院大量引用外国法的背景下[3],引用外国法却引起了美国司法界、学术界和政界的激烈辩论[4]。近几年来,针对是否应该援引外国法这一问题,美国联邦最高法院大法官之间的争论也愈加凸显。[5]

玛丽莎·沃特斯(Melissa A. Waters)教授作为司

法全球化的先锋学者,对美国法院(特别是联邦最高法院)在判决中是否援引外国法展开了深刻的讨论。沃特斯教授阐述了美国法院如何在坚持美国国家认同与积极参与跨国司法对话之间找到平衡。其采用了共构理论为国内法院(特别是美国法院)在跨国行动中扮演的角色构建了一个模型,并应用于美国联邦最高法院的裁决中。在沃特斯教授看来,国际和国内法律规范之间的关系实际上是一种共构(co-constitutive)或协同(synergistic)的关系,是国内法院积极参与发展国际法的动态过程。国际法律规范不仅塑造了相应的国内法律规范及文化,其自身的形成也受到了后者极大程度的影响。参与司法对话的国内法院作为国际和国内法律制度之间的调解者发挥着越来越重要的作用——国内法院不仅是规范内化者,而且是国际法律规范的创造者。

读其书,不可不知其人。沃特斯教授是国际法、对外关系法、国际人权法和国际冲突法领域的专家,也是布鲁金斯学会(Brookings Institution)的客座研究员[6]。她的学术研究侧重于国际法与国内法的交叉,尤其是将条约和其他形式的国际法纳入国内法律制度。她撰写了大量关于跨国司法对话如何塑造国际法律规范,以及在国会和媒体中使用外国法和国际法来解释美国宪法是否合法等主题的学术著作,其作品在众多顶级法律期刊和学术媒体上发表。

在进入法学院任教前,沃特斯教授曾就职于威廉姆斯和康诺利(Williams & Connolly)律师事务所,是克林顿总统法律辩护团队的成员。她还曾在美国国务院民主人权劳工部担任美国助理国务卿高洪株(Harold Hongju Koh)和洛恩·克雷纳(Lorne Craner)的高级顾问,主要负责方向为战争罪行和问责制、国际人权法的国内执行等。此外,沃特斯教授还服务于索罗斯开放社会基金会(Open Society Foundations)[7],着重于该基金会全球民主与人权方向的发展,尤其是法治和人权诉讼项目的设计、开发和实施。除学术工作外,沃特斯教授还专门为过渡民主型(transitional democracies)国家的法律人士制定和开展人权与法治方向的培训课程,与国务院、司法部和美国律师协会(ABA/CEELI)合作培训来自伊拉克和中亚的法官和政府官员。

本书的一系列论述和思考,引起了学术界广泛的反响。与此书结缘,一是对于作为司法全球化的发起国——美国,在法律全球化的运动中反而倍显焦虑的现象心生好奇,于是决定作进一步深入研究;二是响应中国法院展开跨国司法对话的迫切需要。正如本书中提到的,各国司法系统间的对话早已开始并颇具规模。在未来几十年里,国内法院将面临越来越多的跨国冲突。这些冲突必将使国内法院、外国法院及国际法院就更广泛的法律问题进行对话。同时,随着作为新兴大国的崛起,中国正努力参与制定新的国际法律规范,提高在国际法律事务中的话语权与影响力。从"中国制造2025"到"一带一路"倡议,中国似乎在重塑世界新秩序的进程中踌躇满志。中国司法系统也应做好输出本国法律规范,制定国际法律规范的准备。在中国法院"走出去"的进程中,译者认为,学习和借鉴外国法院在此领域中积累的宝贵经验,为国内法院参与跨国司法对话制定一套原则性的解释框架是十分有必要的。

对国内法院参与跨国司法对话的理解,需要更新传统观念。当我们将眼光透过"国家"看到其背后法院的行为时,跨国司法对话不仅为国内法提供了更加细致而丰富的解释力,也推动了国际法的切实遵守。这需要眼光,也需要一种开放的真诚。

注　释

〔1〕 关于全球治理的论著,参见 Anne-Marie Slaughter,"Governing the Global Economy through Government Networks," *The Role of Law in International Politics: Essays in International Relations and International Law* 177 (2000); "The Real New World Order," *Foreign Affairs* (1997); "Judicial Globalization," *Va. J. Int'l L.* 40 (1999); *A New World Order* (Princeton University Press, 2009); Kal Raustiala, "The Architecture of International Cooperation: Transgovernmental Networks and the Future of International Law," *Va. J. Int'l L.* 43 (2002). 有关国际法理论学派的描述,如法律实证主义、纽黑文学派、国际法和国际关系、国际法律程序、批判性法律研究、女权法学以及法律和经济学,请参见 Steven R. Ratner and Anne-Marie Slaughter, "Appraising the Methods of International Law: A Prospectus for Readers," *American Journal of International Law* 93, no. 2 (1999)。另请参见 Harold Hongju Koh, "Trasnational Legal Process," *Neb. L. Rev.* 75 (1996)。

〔2〕 例如,美国退出《巴黎气候协定》《中程导弹条约》《跨太平洋伙伴关系协定》等。

〔3〕 例如,以死刑为主题的跨国司法对话,该分水岭事件是欧洲人权法院 1989 年在 Soering v. United Kingdom 一案中的判决。此案主角 Soering 为德国人,1985 年 3 月于美国弗吉尼亚州杀死女朋友之父母,犯案时年龄为 18 岁,后逃到英国并于 1986 年 4 月被捕。美国及德国分别请求引渡该犯。英国与德国都已废止死刑,但依美国弗吉尼亚州法律该犯行为应处死刑。欧洲人权法院判决,英国不能在没有获得不会实施死刑保证的情况下将 Soering 引渡到美国接受谋杀罪的审判。如果英国将该犯引渡美国面临死刑定罪,英国将违反《欧洲人权公约》(European Convention on Human Rights) 第 3 条"不得对任何人施以酷刑或者是使其受到非人道的或者是侮辱的待遇或者是惩罚"所规定之义务。此案宣判后,弗吉尼亚州检察官更改起诉状,取消对该犯的死刑控诉,

英方将该犯引渡美国受审。

在接下来的几年中,其他国家国内法院在自己关于死刑的判决中展开了 Soering 案的司法对话。在牙买加,英国枢密院依据 Soering 案裁定,执行拖延 5 年或更长时间即构成残忍或不人道的惩罚,除非刑事被告人进行无理上诉(frivolous appeal)。津巴布韦最高法院亦展开了对这一判例的司法对话,裁定无论延误是否归因于刑事被告人,待死现象(death row phenomenon)总是构成残酷或不人道的惩罚。随后更有案件超出了 Soering 案的原判决范围而考虑死刑本身是否是残忍或不人道的惩罚。例如,南非宪法法院依据 Soering 案及其他早期判决,认为使用死刑均构成残忍或不人道的惩罚。

〔4〕 关于美国联邦最高法院援引外国法的大辩论,参见 Confirmation Hearing on the Nomination of John G. Roberts, Jr. to Be Chief Justice of the United States: Hearing Before the S. Comm. on the Judiciary, 109th Cong. 293 (2005) (statement of Sen. Tom Coburn), available at http://frwebgate.access.gpo.gov/cgi-bin/getdoc.cgi?dbname = I 09senatehearings&docid = f:23539.wais; Confirmation Hearing on the Nomination of Samuel A. Alito, Jr. to Be Associate Justice of the Supreme Court of the United States: Hearing Before the S. Comm. on the Judiciary, 109th Cong. 471-72 (2006) (statement of Sen. Coburn), available at http://frwebgate.access.gpo.gov/cgi-bin/getdoc.cgi?dbname = 109-senatehearings&docid = f:254 29.wais。

乔治敦大学法律中心的尼古拉斯·奎因·罗森克兰兹(Nicholas Quinn Rosenkranz)教授在联邦党协会(Federalist Society)年度会议的一次发言中呼吁宪法修正禁止援引外国法。See Showcase Panel, Akhil Reed Amar, Frank H. Easterbrook, Vicki C. Jackson, Nicholas Quinn Rosenkranz & Janice Rogers Brown, The Constitution and American Exceptionalism: Citation of Foreign Law (Nov. 17, 2007).

其他学者就此话题的研究,参见 Roger P. Alford, In Search of a Theory for Constitutional Comparativism, 52 UCLA L. REV. 639 (2005); Eric

A. Posner & Cass R. Sunstein, The Law of Other States, 59 STAN. L. REV. 131 (2006); Nicholas Quinn Rosenkranz, Condorcet and the Constitution: A Response to the Law of Other States, 59 STAN. L. REV. 1281 (2007); Comment, The Debate over Foreign Law in Roper v. Simmons, 119 HARV. L. REV. 103 (2005)。

〔5〕 See Roper v. Simmons, 543 U. S. 551 (2005); see also Lawrence v. Texas, 539 U. S. 558 (2003).

〔6〕 又称鲁金斯研究所或布鲁金斯研究院,主要研究社会科学尤其是经济与发展、都市政策、政府外交政策以及全球经济发展等议题,总部位于华盛顿特区。在宾夕法尼亚大学发布的2012年全球关键智库指标报告中,布鲁金斯学会被评为全球最有影响力的智库。

〔7〕 索罗斯开放社会基金会为非营利性研究机构,由乔治·索罗斯捐款成立,其目标在于形成政策,以推进民主政治、人权、经济、法律及政治上的改进。

目录

001 第一章 引 言

011 第二章 理论语义下的跨国司法对话

016 一、跨国司法对话与跨政府主义

019 二、跨国司法对话和跨国法律程序

021 三、跨国司法对话和共构理论

041 第三章 关于死刑的跨国司法对话

043 一、现行规范的演变：死刑——残酷或不人道的刑罚

048 二、有关死刑的对话与司法认同的转化

056 三、有关死刑的对话和规范输出

059 四、关于死刑的对话和规范趋同

089　第四章　跨国司法对话与跨国言论

091　一、针对互联网仇恨言论的全面管制

100　二、针对网络诽谤言论的诉讼

115　三、有关言论的跨国对话与司法身份

117　四、有关言论的司法对话与规范输出及规范趋同

141　第五章　美国法院参与跨国司法对话的新理论：国内法院作为协调者

142　一、规范协调及美国的身份

154　二、美国最高法院作为协调者：劳伦斯诉得克萨斯州案

160　三、美国最高法院作为协调者：罗珀诉西蒙斯案

179　第六章　结　论

185　译后记

第一章 引 言

在劳伦斯诉得克萨斯州案（Lawrence v. Texas）[1]中,美国最高法院史无前例地采取了一种新的做法,即根据宪法赋予美国公民的权利,援引外国判例进行宪法解释。为了推翻禁止同性性行为的立法,肯尼迪大法官援引了欧洲人权法院推翻自愿同性恋行为违法性的类似案例。肯尼迪大法官指出,外国判例法认可了自愿同性恋行为[2],其权利"已被许多国家视为人类自由中不可或缺的一部分"[3]。在劳伦斯案中多数意见表示愿意将外国判例引入国内进行宪法层面的分析,但这受到了斯卡利亚大法官的强烈反驳。斯卡利亚大法官认为,宪法所赋予民众的权利不会因为法院是否将外国某种行为的合法化而发生根本性改变[4],并警告说这种行为像是在给美国人强行灌输外国人的思维方式、思潮和流行文化[5]。

规范协调与角色选择
跨国司法对话在制定与施行国际法中的作用

在罗珀诉西蒙斯案（Roper v. Simmons）[6]中，肯尼迪大法官和斯卡利亚大法官再一次深入探讨了美国法院与外国法和国际法之间的关系。肯尼迪大法官在批判允许处决少年犯的国内法时，援引了国际条约和外国惯例以证明"国际舆论中对少年犯判处死刑压倒性否定的态度"[7]。他认为，国际舆论"虽然没有控制……但确实为我们作出判决提供了令人信服和重要的依据"[8]。肯尼迪大法官指出："它不会降低我们对宪法的忠诚度或我们对宪法起源的自豪感，明确肯定其他国家对人民某些基本权利的认可只是强调了这些权利在我们国家的自由传统中同样也存在。"[9]

斯卡利亚大法官在他的不同意见书中写道："我不相信其他国家和人民对某项行为的认可会增强我国法律对人民的承诺，而其他国家和人民对某项行为的不认可会削弱这一承诺。"[10]他列举了美国法院在过去判例中与外国法院作出不同判决的文献[11]，并指出："当外国法律与法官自身的思想相符时，则会援引外来法律，否则就不进行援引，这显然不是合理的做法，而是一种诡辩。"[12]他总结说："这些外国消息来源肯定的……是法官们自己的世界观，以及他们希望

第一章
引 言

美国社会在今后应当如此的强制令。"[13]

经过相当长一段时间的酝酿后,在劳伦斯案和罗珀案中,持相反意见的大法官们就美国法院与外国法和国际法之间的合理关系展开了激烈的司法辩论[14],其核心问题可概括为:"在外国法院与国际法庭积极展开国际司法对话之际(尤其针对宪法问题),美国应在何种程度上参与进来?"[15]对此,当前研究倾向于将重点全部放在美国法院在"国际规范内化"(international norm internalization)进程中所扮演的角色上,即如何将外国法律规范和国际法律规范纳入美国的法律体系。[16]而少有人反推一下方程式,即美国法院在制定国际规范的过程中(即在塑造国际法律规范的内容和制定这些规范的过程中)的潜在作用是什么?

本书旨在通过关注国内法院不仅作为规范内化者,而且作为规范创造者来弥补现有研究中存在的空隙。在笔者看来,国内法院的规范输出和内化身份紧密相连,而缺乏国内法院在国际规范制定过程中的作用这一领域的学术研究,使人们对国际法与国内法院之间的关系产生争议。由此产生的趋势表明存在一种静态关系,在这种关系中,国内法院主要充当一种

规范协调与角色选择
跨国司法对话在制定与施行国际法中的作用

被动渠道,固定和不变的国际法规范通过该渠道而成为国内法的一部分。

依据本书的中心观点,国际和国内法律规范之间的关系应该更恰当地被认为是一种共构或协同的关系。在这种关系中,世界范围内的国内法院正在积极参与发展国际法的动态过程。因此,国内法院正在塑造国际和国内法律规范之间的调解人的新身份。

这种共构关系的关键是在过去十年中,一种名为"跨国司法对话"的机制应运而生。跨国司法对话是国内法院集体参与制定国际法律规范的过程,从而确保这些国际法律规范为国内法律规范带来预示和指导性作用。[17]

在本书的第二章中,笔者提出了一种用于理解国内法院在国际法律制度中的角色的理论,其重点在于国内法院与国际法律制度的共构关系。在讨论跨国司法对话的产生以及法庭如何参与对话后,笔者将跨国司法对话置于理论语境中,考察这一机制与跨政府主义和跨国法律程序学派(隶属于国际法律理论)之间的关系,并最终提出国内与国际法律关系在本质上是相互构建的,即通过相互约束和共同促进,国际法

第一章
引 言

律规范不仅塑造了相应的国内法律规范及文化,其自身的形成也受到了后者极大的影响。规范输出和规范融合构成了这一相互构建关系的双重特征,以及它们在理解国内法院参与跨国司法对话中的作用。

第三章和第四章通过详细探讨两种情况下的对话发展——死刑和跨国言论管制(例如互联网上的言论),检索在共构过程中跨国司法对话的规则。笔者探讨了这些领域中运用新兴国际理论规范进行对话的重要性。笔者认为国内法院的参与揭示了不同国家法院之间的跨法律制度交流的开始以及对国际法律规范发展的影响。笔者的分析表明,人们对国内法院新角色的认识日益提高:国内法院有机会也有能力(在某些法院看来,国内法院也有此责任)参与制定、发展、施行国际法律规范。笔者研究了跨国司法对话在促进规范输出和规范趋同方面的作用,并结合相关案例对合法性问题进行了讨论。

最后,在第五章中,笔者采用共构理论为国内法院(特别是美国法院)在跨国行动中扮演的角色构建了一个模型。笔者认为,选择参与跨国司法对话的国内法院应将其作为国际法律规范与国内社会和文化之间的重要协调者。然后,笔者将共构模型应用于当前关于美国宪法分析是否援引域外法和国际法的讨论中,特别关注美国最高法院在劳伦斯诉得克萨斯州案和罗珀诉西蒙斯案中的判决。正如我们将看到的,如果美国法院选择积极参与有关宪法问题的新兴跨国司法对话,其将获得千载难逢的好机遇,但随之而来的也可能是潜在的风险。

第一章
引 言

注 释

〔1〕 539 U. S. 558(2003).

〔2〕 同上,第573页[Dudgeon v. United Kingdom,45 Eur. Ct. H. R. (ser. A)(1981)]、第576页[P. G. & J. H. v. United Kingdom, 230 Eur. Ct. H. R(2001); Modinos v. Cyprus,259 Eur. Ct. H. R.(1993); Norris v. Ireland,142 Eur. Ct. H. R.(1988)].

〔3〕 539 U. S.,第577页。肯尼迪大法官进一步阐明:"在双方一致同意的情况下,同性成年人可以缔结亲密关系——很多国家为确认保护这一权利已经采取了相应的措施。"同上,第576页[玛丽·罗宾逊的法院顾问提供的简要意见书,第11—12页,劳伦斯案(No. 02-102)]。肯尼迪大法官在此基础上总结道:"在这个国家,允许政府对于个人选择进行限定既不合法也非必要之举。"

〔4〕 539 U. S.,第598页(斯卡利亚大法官持反对意见)。

〔5〕 同上[Foster v. Florida,537 U. S. 990,990 n. ＊(2002)(托马斯大法官对拒绝下达诉讼文件移送命令这一判决持反对意见)]。

〔6〕 125 S. Ct. 1183(2005年3月1日)。

〔7〕 同上,第1200页。

〔8〕 同上。

〔9〕 同上。

〔10〕 同上,第1229页(斯卡利亚大法官反对意见书)。

〔11〕 同上,第1226—1227页(法庭在关于证据规则、政教分离以及堕胎等问题上与其他国家采取不同的态度)。

〔12〕 同上,第1228页。

〔13〕 同上,第1229页。

〔14〕 对照以下案例:Atkins v. Virginia,536 U. S. 304,316 n. 21 (2002)("在整个世界范围内,对智力迟缓的犯罪者判处死刑是绝对不能得到支持的。");Patterson v. Texas,536 U. S. 984(2002)(史蒂文斯大

规范协调与角色选择
跨国司法对话在制定与施行国际法中的作用

法官对于拒绝缓期执行死刑这一判决持反对意见,他认为,"鉴于在国际社会上普遍存在一项共识,即不应对青少年执行死刑",法庭应重新考量对青少年判处死刑是否符合宪法规定);Atkins,536 U. S., at 322(伦奎斯特首席大法官在反对意见书中表示,多数意见中对外国法的参照考量"在我国几乎找不到对应判例,并且这与联邦制度的要求是相悖的");同上,第347—348页(斯卡利亚大法官在反对意见书中表示"国际社会的相应实践与本案无关",因为我国与其他国家对于公正的理解并不总是完全相同的。"我们无论如何都不能忘记,此时此刻我们正在解释的是美国宪法。")[Thompson v. Oklahoma,487 U. S. 815,865 n. 4(斯卡利亚大法官持反对意见)]。

托马斯大法官与布雷耶大法官对于所谓"死囚区现象"的合宪性一直争论不休,其根源问题则是如何合理运用外国法律渊源乃至国际法律渊源。对照以下案例:Foster v. Florida,537 U. S. 990,992-93(2002)[布雷耶大法官对拒绝下达诉讼文件移送命令这一判决持反对意见,他认为:"根据其他国家法院的相应实践,对于不满15岁罪犯暂缓执行死刑会使得这一刑罚更为有辱人格,令人震惊,甚至残忍……正如参考外国判决有助于议会判断美国刑罚的公正性和适当性,这一举措同样可以协助法庭在考量是否某一项惩罚措施违反第八修正案时做出正确的选择"(引用省略)];同上,第991页(托马斯大法官拒绝下达诉讼文件移送命令,他认为:"作为立法机构,议会或许倾向于在考虑某些问题时参照他国实践;然而,法院在阐释第八修正案时绝不能将外国范式和做法加诸美国人民身上。")与此同时,这场辩论还涉及另一问题,即在确定美国联邦制度的概念时是否应考量他国实践。对比Printz v. United States,521 U. S. 898. 921(1997)(斯卡利亚大法官在多数意见书中的阐释);以及,同上,第976—977页(布雷耶大法官在反对意见书中的阐释)。

对于"如何合理适用外国或国际法律渊源"的争论热度与日俱增,这一点在格鲁特诉勃林格案[Grutter v. Bollinger,539 U. S. 306(2003)]中金斯伯格大法官的并存意见里可见一斑;最终这一案件判决密歇根

第一章
引 言

大学法学院的平权活动计划符合宪法规定。见539 U.S.,第344页[金斯伯格法官在并存意见书中探讨了《消除一切形式的种族歧视国际公约》,并评论道:"本院认为,任何存在种族意识的计划'必须存在逻辑终结点',这一结论与国际社会对于平权运动办公室的理解不谋而合。"(引用省略)]。

近些年来,法官们除了在判决意见中探讨在宪法分析中援引外国乃至国际法律渊源的适宜性之外,这一主题也成为了一些非正式意见中的焦点。见后注40及第四章。

〔15〕 根据《外国人侵权索赔法案》,外国人可以在美国法院对违反国际法的侵权行为提起诉讼,而法院在审理此类案件时所扮演的角色则是法院与政策制定者的另一冲突点。目前,人权律师已成功根据此法案对外国官员提起一系列诉讼,尤其针对美国和外国公司在美国本土外危害人权的行为。见 Richard L. Herz, *Litigating Environmental Abuses Under the Alien Tort Claims Act*, 40 VA. J. INT'L L. 545(2000)。在索萨诉阿尔瓦雷茨-马茨尔案[Sosa v. Alvarez-Machaiin, 124 S. Ct. 2739 (2004)]判决书的最后一句中,最高法院针对《外国人侵权索赔法案》的有效性进行了判定。布什政府在本案中表明了立场并对被告的观点表示支持,认为联邦法院无权依据《外国人侵权索赔法案》推断申请人可以违反国际习惯法为由提起侵权诉讼。见索萨案(No.03-339),第2—7页,美国政府(被申请人)的答辩状。由此,布什政府提出,如果法院在适用美国国内法时援引国际习惯法范式,其权限应当被严格限制。最高法院否决了布什政府这一论点,判决原告可根据《外国人侵权索赔法案》就某一类违反国际法的行为提起诉讼。见索萨案,124 S. Ct.,第2761—2762页。

〔16〕 国际公法学者在讨论这一问题时,将重点放在了国内法院是否可能促使国内法律体系符合国际法规定,以及这样做所面临的限制。见 Anne-Marie Slaughter, *Judicial Globalization*, 40 VA. J. INT'L L. 1103, 1103-1104(2000)[简称为"Slaughter, *Judicial Globalization*"]

规范协调与角色选择
跨国司法对话在制定与施行国际法中的作用

["国内法院在兴起的全球法律系统中究竟扮演何种角色——当前对于这一问题的研究常常将重点放在如何提升国际法的地位和影响。在国际条约和国际习惯法尚未转化成为国内法律条文时,国内法院的适用即成为将其纳入国内法律系统的方式。因此,国际法律师经常寄希望于此……"(脚注省略)];另见,INTERNATIONAL LAW DECISIONS IN NATIONAL COURTS(Thomas M. Frank & Gregory M. Fox eds. ,1997);Reem Bahdi, *Globalization of Judgment: Transjudicialism and the Five Faces of International Law in Domestic Courts*, 34 GEO. Wash. INT' L L. R. 555 (2002);Mohammed Bedjaoui, *The Reception by National Courts of Decisions of International Tribunals*,28 N. Y. U. J. INT' L L. & Pot. 45 (1996);Karen Knop, *Here and There: International Law in Domestic Courts*,32 N. Y. U. J. INT' L L. & POL. 501(2000)。

从外交关系学者的角度来看,争论焦点则集中于美国宪法是否已对美国法院授权,允许其将国际法律范式纳入国内法律体系。见 Curtis A. Bradley & Jack L. Goldsmith, Customary International Law as Federal Common Law: A Critique of the Modern Position, 110 HARV. L. REV. 815 (1997);Harold Hongju Koh, Is International Law Really State Law?, 111 HARV. L. REV. 1824(1998)。

[17] 安妮-玛丽·思朗特将这种世界范围内法庭间的对话称为"跨国司法对话"。见 Anne-Marie Slaughter, *A Typology of Transjudicial Communication*,29 U. RICH. L. Rev. 99, 101 (1994)[简称为"Slaughter, *Typology*"]。

第二章　理论语义下的跨国司法对话

当美国最高法院在劳伦斯诉得克萨斯州案[18]中对欧洲人权法院的裁决进行讨论时,国际律师和比较主义者都对这一举措表示赞赏,因为他们不断地说服法院更多地关注外国法院的判决。[19]然而,对于世界其他地方的法院来说,使用外国法院的判决已经司空见惯。多年来,这些法院一直在利用比较法作为其参与日益兴起和复杂的跨国司法对话的手段之一。[20]

当然,跨国司法对话并非一项全新的机制。例如,英联邦法院之间的相互促进与共同发展模式至少可以追溯到十八世纪。近期,欧洲国内法院已成为正式的级别制司法网络的组成部分,在欧洲法律体系内,国内法院和多国法院之间形成了一个复杂而多层面的对话机制。[21]

然而,新兴跨国司法对话在交流的种类和程度上都是可区分的。首先,世界各地的国内法院开始更频繁地进行沟通，就更广泛的实体法问题开展对话。这种非正式的司法对话不是基于共同的历史或法律传统，也不是基于任何正式的、条约基础上的组织结构或等级制度。相反，法院正在发展中意识到彼此是共同事业的一部分，或者用圭多·卡拉布雷西法官的话说："这是国际社会裁决机构之间正在进行的对话。"[22]

这种新兴对话机制中的交流方式也在发生变化。当然，比较分析方式，即援引外国判例仍然是司法对话的重要手段。最近，几位学者注意到世界范围内的国内法院对比较法的使用有了显著的增加。[23]这一趋势在普通法系的法院中最为突出，而许多大陆法系国家甚至超国家法院和国际法庭也开始将外国司法裁决视为自己裁判过程中的重要资源。此外，法院的比较分析方法正在发生变化：法院正在将比较分析方式作为与世界各地其他法院沟通的手段。正如前加拿大最高法院法官克莱尔·L'霍莱克斯－杜贝所解释的那样：

> 随着法院综观全球权力来源，国际影响力的提升已从被动参照转向主动对话。法官不再仅仅参照其他司法管辖区的案件，然

第二章
理论语义下的跨国司法对话

后将其适用或修改适用于其管辖权范围内的类似案件。相反,不同管辖范围之间的良性互动与共同促进越来越多。[24]

特别是针对公民权利以及权力分立的问题,国家宪法法院展开了丰富的对话,并就有关问题达成一致。[25]许多新兴民主国家的宪法法院仍然严重依赖美国最高法院的先例来解释它们自己的宪法条款[26],但这些法院也日益关注来自欧洲、澳大利亚、非洲和加拿大的司法裁决[27]。

除了关于比较宪法的对话外,国内法院还将比较法律作为各种实体法领域对话的一种非正式手段,从反托拉斯到证券监管再到知识产权,全面协调国内法律制度。[28]

不管实体法的具体内容是什么,法院参与这种比较的对话并非出于法律义务;从此前经验来看,外国司法裁决当然不具有约束力。[29]相反,世界范围内国内法院之间的相互援引是安妮-玛丽·思朗特所说的"横向"(horizontal)对话的典型例子,其中"同等地位的法院"将外国司法裁决视为有价值的资源,以助于其解决当前发生的案件,并为类似问题提出新的解决方案。[30]

比较分析方法还为法院在特定问题上发展司法对话提供了重要的渠道。法院可以使用比较分析方法来评论外国法院对某一特定准则的解释,以支持其对国内规范的解释。通过这种方式,法院可以确保其在制定针对特定问题的新兴国际法律准则的过程中发挥关键作用。[31]

虽然比较法是国内法庭参与跨国司法对话的重要途径,但是其他司法交流方式也不可或缺。例如,发展和扩大传统的管辖权和司法礼让概念也越发重要。[32] 司法礼让可能只涉及某一法院裁定其无司法管辖权以支持外国法院享有管辖权,用斯卡利亚大法官的话来说,就是拒绝对"在其他地方被裁定更为合适的案件"之管辖权。[33] 在其他情况下,法院可能依靠所谓的"积极礼让"(positive comity)在两个或多个法院之间进行直接对话,以解决超越国界的合同、侵权或破产案件的管辖权。[34] 在这些情况下,司法礼让都要求"尊重外国法院,而不仅仅是出于外国政府的面子,因此也是相信其有能力解决争端,能够秉公执法和有

第二章
理论语义下的跨国司法对话

效地解释和适用法律"[35]。

在新兴的跨国司法对话中,国内法院越来越依赖司法礼让的创造性使用以及对其管辖权的新颖解释,以期能够在特定的实体法问题上与其他法院进行沟通。在涉及新兴跨国问题的司法对话中,这种沟通方式可能尤为重要,因为全球范围的判例法体系可能不够充分,致使比较分析无法作为一种有效的沟通手段。[36]例如,在参与互联网言论监管的议题中,法院严重依赖司法礼仪和司法管辖权融入初期的司法对话。[37]

比较分析与司法礼让是法院参与非正式跨国司法对话的主要手段,也是本书的研究重点。除此之外,其他各种更加非正式的交流手段也在跨国司法对话中起到不可或缺的作用。全世界法官之间的"面对面"交流日益频繁且形式多样——从国际司法会议到美国、欧洲和拉丁美洲法院的司法代表团交流再到世界各地的法治和法律规范改革计划,不一而足。[38]尽管衡量这种最为非正式的司法沟通所产生的影响尤为困难,但它在创造一个可以使跨国司法对话蓬勃发展的环境中无疑发挥了举足轻重的作用。安妮-玛丽·思朗特评论说:"所有这些参与、交流以及研讨会都具有多重功能，它们无疑有助于教化和良性互动，也拓宽了参与交流的法官之视野……但也许最重要的是，它们使得参与的国家形成了共同追求的全球性事业。"[39] 此外，与外国法官的非正式交流无疑是某些美国最高法院大法官对跨国司法对话越来越感兴趣的主要因素。[40]

无论采取何种形式，跨国司法对话都将继续成为国内法院能否在日益发展的全球法律体系中发挥作用的关键因素。因此，对于国际法律制度中有关国内法院的可能性和局限性感兴趣的学者、法官和决策者来说，理解这种对话机制是一项至关重要的任务。在本书以下部分，笔者将探讨跨国司法对话在跨政府主义和跨国法律过程理论中的潜在作用。随后，笔者提出了另一种概念：跨国司法对话是国内法院参与共构与发展国际规范的主要手段。

一、跨国司法对话与跨政府主义

跨政府主义支持者的产生是以半个世纪来在国际合作占主导范式的自由国际主义可能达到其潜力

第二章
理论语义下的跨国司法对话

极限为前提的。[41]在全球化日益发展和各国在经济上相互依存的地球村,各国越来越不愿意将更多的主权和权力交给国际机构。[42]此外,信息技术革命产生了一种全球通信方式,赋予松散的非政府组织和所谓的"认识型社区"网络以权力和活力[43],从而使其在全球议程方面发挥越来越重要的作用。

跨政府主义者认为,为了应对这些变化,国家本身正在采用"分散主权"模式,使国际非政府组织的灵活分散的网络适应其自身的用途。[44]"分散主权"模式的关键组成部分是跨政府网络。[45]迄今为止,绝大多数研究跨政府主义的学者都将视野集中在全球监管机构网络的发展上,从证券监管到反托拉斯再到环境,不一而足。[46]但是,跨政府主义者认为,网络可以在各种各样的实质性领域和政府的具体部门中得以确定。[47]

国内法院在分解主权的跨政府主义世界中能够发挥怎样的作用呢?尽管跨政府主义者对于国内法院的研究尚处于起步阶段,但跨政府主义者认为国内法院和其监管对象一样正在创建全球网络。[48]安妮-玛丽·思朗特认为,法官之间的互动正在创造"本国

规范协调与角色选择
跨国司法对话在制定与施行国际法中的作用

法院与其他法院准自治地(quasi-autonomously)进行国内和国际的相互交流,并一同创造信息网络、执法网络和新兴的协调网络……预期将产生一个不断增多和重叠的垂直与水平的网络集合,这一网络集合至少可以成为各国法院共同建立全球法律体系的起点"[49]。

跨政府主义者进一步预测,在国内法院参与这些司法网络的构建过程中,多元化的"全球法律共同体"将应运而生。[50]思朗特认为:

> 源自司法网络的全球法律体制将更有可能包含多种法律规则,每种法规都在特定的国家或地区得以建立。高等法院一般不能够制定出明确的全球规则。国内法院将与多国法院进行互动,在认同和发展共同价值的同时调整各自的差异。[51]

因此,从跨政府主义者的角度来看,各国法院之间的跨国司法对话是形成非正式司法网络的重要方式。此外,跨政府主义者预测,以这些网络为基础产

第二章
理论语义下的跨国司法对话

生的法律规范将具备"深度多元化和丰富语义化"[52],能够在强化共同价值的同时调整国家差异[53]。

笔者对于死刑和跨国言论语义中跨国司法对话的研究部分证实了跨政府主义者的预言。笔者的研究证实,许多国内法院法官的全球法律社区成员认同感越来越强。因此,他们正在积极寻求利用各种手段和各种论坛的机会与其他国家的法官进行互动。但正如笔者下文的论述,笔者通过研究质疑这种对话是否会始终确保国际法向多元化、情境化方向发展。相反,至少在其发展的早期阶段,跨国司法对话似乎鼓励规范输出和规范衔接:强国的法院最积极地参与司法对话,在弱国的法院输出本国的国内规范。[54]

二、跨国司法对话和跨国法律程序

跨国司法对话可能与跨国法律程序理论高度相关。[55]由高洪株(Harold Koh)主导发展的"跨国法律程序涉及公共和私人行为体,即民族国家、国际组织、

规范协调与角色选择
跨国司法对话在制定与施行国际法中的作用

跨国企业、非政府组织和私人,如何在各种公共和私人领域进行互动的理论和实践,以及通过国内和国际论坛制定、解释、执行并最终将跨国法律的规则内化为本国法律规范"[56]。跨国法律程序中包含一种相互作用、解释和内化的三阶段过程:"一个或多个跨国行为者触发与另一行为者的相互作用(或一系列相互作用),这促使对适用于该情况的国际规范的解释或阐述。"[57]通过反复参与这个过程,"国际法律规范渗透到国内法律规范内部并融入国内法律和政治进程"[58]。

从跨国法律程序的角度来看,跨国司法对话机制承担几项重要职能。首先,国内法院作为关键的"法律宣言论坛"(law-declaring fora)[59],阐明和解释其他国家在其他论坛中其他跨国参与者使用的规范。[60]更重要的是,参与跨国司法对话的法院创建了"解释性社区"(interpretive communities)[61],并将其融入国际规范的司法互动、解释、重新解释和内化的迭代过程。[62]

笔者对于死刑和跨国言论语义下的跨国对话研究证实了在跨国法律程序中国际法形成的迭代过程,即互动、解释和内化的反复过程。然而,迄今为

第二章
理论语义下的跨国司法对话

止,大多数关于跨国法律程序的学术研究几乎都集中于国际规范国际化问题和国内法院作为规范内化者的角色问题。[63]研究跨国法律程序的学者是否认为国内法院作为国际规范创造者发挥了重要作用尚无定论。但笔者的研究表明,国内法院通过参与跨国司法对话,在制定国际法律规范方面也发挥着重要作用。笔者关注于共构的过程研究,这有助于对跨国法律程序理论中最不完善的方面进行有益补充。

三、跨国司法对话和共构理论

正如笔者前文所述,关于国内法院在国际法律制度中的作用的现有研究往往集中在国际规范内化问题,即国内法院确保国家遵守国际法理论的义务。[64]这种研究方法遵循国际公法研究的总体趋势,较长一段时间以来,这一趋势主要集中在国家遵守国际法问题上。[65]不可否认,这一问题具有一定的重要性,但笔者认为:国内社会和国内文化如何塑造国际法的内容,从而确保国际法律规范与国内价值和主旨保持一致,对这一问题的解答也至关重要。

法律社会学家就美国法律体制引发的问题进行论述时,曾使用"共构"(co-constitutive)一词来描述法律与社会(或法律与文化)之间相互强化的关系。[66] 通过共构模型来看,"法律与社会之间的关系不是单向的,相反,法律和日常社会生活是相互作用和约束的"[67]。因此,"共构理论探讨了社会如何塑造法律以及法律如何反作用于社会"[68]。

将这一概念拓展到国际层面,笔者用"共构"一词来描述国际法律规范与国内文化和社会规范之间相互强化的关系。从共构的视角来看,不仅国际法律规范对国内社会产生了重要影响,国内社会也通过参与跨国对话或跨国网络对国际法律规范的内容产生了深刻影响。共构过程是一个反复的过程,其中各种诸如国内法院、立法机构、外交部等"法律宣讲平台"[69]在国际层面阐述并倡导了国内规范。国内规范因此成为国际法律话语的一部分,并通过各种跨国和跨政府渠道进行翻译、修改、渗透并对国际规范产生深刻影响。这些规范又被国际话语所修改,并回归国内形

第二章
理论语义下的跨国司法对话

式,被内化为国内法,进一步塑造和重塑国内社会和文化规范。

共构过程的核心是规范输出和规范趋同的双重概念。当国内法院和其他国内法律宣讲平台在国际层面表达或倡导某一特定的国内规范时,则是规范输出行为。这一规范随后被其他国家接受,从而在世界各地扩散并成为国际法律话语的一部分。如果某项国内规范渗透进多国国内法规或国际法律体系中,它就成为某一特定问题的主要规范标准。[70]国内规范在世界范围内传播的关键是实施所谓的"软实力"(soft power)。[71]换句话说,民族国家主要通过说服方式而非命令方式输出本国的法律规范。[72]

规范趋同是指国内法规和国际法律趋同于单一的全球规范标准的趋势。[73]出于某些原因,各种跨国和跨政府组织之间的跨国对话通常会导致强大的规范趋同趋势。第一,当有特定数量的国家采用某一特定准则时,法院和其他国内部门积极努力地进行规范输出会导致规范趋同。第二,国内法院和其他部门可能会刻意追求规范趋同的效果,以此在特定问题上形成单一的国际法律规范,若传统自由国际主义机构尚未能提供这样的规范。[74]第三,跨国网络内的社会化进程促进了规范趋同的进程。[75]由于法官和其他部门的官员在各种正式和非正式场合中不断进行互相交流,他们开始"部分地根据其参与的跨国组织而确定自己的角色,而非纯粹依据国内规范"[76]。因此,他们通常通过类似的视角开始审视特定问题,从而促进单一规范标准的融合。[77]

正如第三章和第四章案例研究的结果所示,跨国司法对话是国内法院在共构过程中参与创设国际法并将之内化的手段。[78]例如,在死刑方面,一些国家作为规范输出国(norm exporters),在国际层面阐明并倡导禁止死刑的国内准则。[79]其他国家则通过比较法分析和修改本国的国内规范,解释此项法律规范并将这些外国规范内化为本国法律体系,从而促进禁止死刑的法律规范在世界范围内趋同。[80]一些国家在国际层面倡导本国的言论规范[81];国内法院通常作为国内法律的捍卫者(defenders),从而抵制非法网络言论,促进互联网言论形成单一的国际规范标准。[82]

国内法院通过参与跨国司法对话,成为国际法与国内社会和本国文化之间的重要协调者。法院"推动

第二章 理论语义下的跨国司法对话

国内规范发展为新兴国际社会基本结构的部分准则",同时,也确保这些渗透到国际层面的准则能够融入国内法律和政治进程中。[83]通过参与跨国司法对话,国内法院(包括美国法院)可以在共构过程中发挥关键的中介作用。[84]

规范协调与角色选择
跨国司法对话在制定与施行国际法中的作用

注　释

〔18〕 劳伦斯案中对待外国判例法的态度,详见第五章第二部分。

〔19〕 见玛丽·罗宾逊的法庭顾问提交的诉状等,Lawrence v. Texas,539 U. S. 558(2003)(No. 02-102)(就反对基于性别取向的歧视这一问题,该诉状要求法院参考相关外国法和国际法的规定)。

〔20〕 我并不主张美国法院已经完全缺席跨国司法对话;相反,本书详细论述了在跨国对话兴起之时,美国法院是如何参与司法对话的——详细内容见第四章。与此同时,美国最高法院一直致力于在多元背景下进行对比分析,这一举措源远流长。见 David Fontana, *Refined Comparativism in Constitutional Law*, 49 UCLA L. REV. 539, 544-550 (2001)(通过研究美国最高法院意见探讨了比较宪法的发展史)。但值得注意的是,美国法院在数十年中一直未能参与关于宪法和个人权利问题的跨国司法对话。见 Harold Hongju Koh, *Paying "Decent Respect" to World Opinion on the Death Penalty*, 35 U. C. DAVIS L. REV. 1085, 1101-02(2002)[简称为"Koh, *Decent Respect*"](美国尚未就死刑的法理进行比较分析)。

〔21〕学界一直就两个问题争论不休,即欧洲司法网络体系的作用和其对构建欧洲法律体系的影响。见 Karen J. Alter, *Explaining National Court Acceptance of European Court Jurisprudence: A Critical Evaluation of Theories of Legal Integration*, in THE EUROPEAN COURTS AND NATIONAL COURTS—DOCTRINE AND JURISPRUDENCE: LEGAL CHANGE IN ITS SOCIAL CONTEXT(Anne-Marie Slaughter et al. ,1998);J. H. H. Weiler, *The Transformation of Europe*, 100 YALE L. J. 2403(1991)。安妮-玛丽·思朗特在《司法全球化》(*Judicial Globalization*)一书中详细论述了欧洲司法网络体系,见前注16,第1106—1112页。

〔22〕 Euromepa, S. A. v. R. Esmerian, Inc. ,51 F. 3d 1095, 1101(2d Cir. 1995);见 ANNE-MARIE SLAUGHTER, A NEW WORLD ORDER

第二章
理论语义下的跨国司法对话

71—75(2004)[简称为"Slaughter, A NEW WORLD ORDER"](虽然法官们对宪法的理解是相互影响的,此即公认的历史现象,但当代的宪法杂交理论具备不同的特征)。

〔23〕 见 Sujit Choudry, *Globalization in Search of Justification: Toward a Theory of comparative Constitutional Interpretation*, 74 IND. L. J. 819 (1999); Slaughter, *Judicial Globalization*, 见前注 16, 第 1117 页; *Developments in the Law-International Criminal Law*, 114 HARV. L. REV. 1943, 2049-73(2001)[简称为"*Developments in International Criminal Law*"](本书探讨了国内宪法法院如何参与"国际司法对话")。笔者在研究如何用比较法解释死刑时得出了与此相符的结论,详见第三章的讨论。

〔24〕 Claire L'Heureux-Dubé, *The Importance of Dialogue: Globalization and the International Impact of the Rehnquist Court*, 34 TULSA L. J. 15, 17(1998).

〔25〕 见 Bruce Ackerman, *The Rise of World Constitutionalism*, 83 VA. L. REV. 771(1997)。

〔26〕 见 CONSTITUTIONALISM AND RIGHTS: THE INFLUENCE OF THE UNITED STATES CONSTITUTION ACROAD(LouisHenkin & Albert J. Rosenthal eds., 1990); Anthony Lester, *The Overseas Trade in the American Bill of Rights*, 88 COLUM. L. REV. 537 38(1998)。这一趋势起源于二十世纪中期,见同上。但近些年来数位学者指出最高法院对他国宪法理论的影响已呈下降趋势,见同上,第 561 页;亦见 L'Heureux-Dubé,前注 24,第 37 页(伦奎斯特法院"未能参与国际对话",这也正是其影响力削减的重要因素)。

〔27〕 见后注 127—129 及相关正文[国家诉马克温雅恩案(State v. Makwanyane)中南非宪法法院的意见书,1995(3)SALR 391(CC)(S. Afr)]。

〔28〕 在一个探讨法官如何保护知识产权的会议上,美国联邦上诉巡回法院的兰德尔·拉德法官向来自 28 个国家的 150 位法官、法律

规范协调与角色选择
跨国司法对话在制定与施行国际法中的作用

从业者、政策制定者和学者致敬,并提出应当更为频繁地通读及参考他人的观点。在做到这一点的基础上,拉德法官认为:"法官群体能够更好地为知识产权保护制定世界通行的标准并对此加以维护……重中之重的是,创造力和科学创新能力是当今全球市场发展的原动力,而法官则在国际框架中扮演基础性角色以推动这二力的发展。"见 Judge Rader, *International Judicial Experts Weigh Need for Special IP Courts Worldwide*, 64 PAT., TRADEMARK & COPYRIGHT J. (BNA) 430, 431 (2002)(本书记录了拉德法官在 2002 年 9 月 14 日华盛顿会议上的评论);另见 Graeme Dinwoodie, *A New Copyright Order: Why National Courts Should Create Global Norms*, 149 U. PA. L. REV. 469(2000)。

〔29〕 正如南非宪法法院的艾尔比·萨克斯(Albie Sachs)法官所说:

> 我之所以参照美国最高法院法官的论述……并不在于他们的判断能够作为判例在我国法院加以适用,而是因为他们以一种简洁且有益的方式阐述了当今法院皆面临的问题,即政教关系问题……由此,其他文化对于价值观和困境的阐述有助于我解释我国宪法文本的含义。

State v. Lawrence, 1997(4) SALR 1176, 1223(CC)(萨克斯法官);另见 Anne-Marie Slaughter, *The Real New World Order*, 76 FOREIGN AFFAIRS 183, 187(1997)[简称为"Slaughter, *The Real New World Order*"]("外部法院判决只能在两种情况下发挥作用——或因其内在逻辑有可取之处,或当大范围的法院群体讨论类似的问题时,本国法院通过加入这一群体以为其判断增加合法性依据");SLAUGHTER, A NEW WORLD ORDER, 前注 22, 第 75—78 页("有说服力的权威意见"在各国宪法法院内的崛起及其合法性)。

〔30〕 Slaughter, *Typology*, 见前注 17, 第 103—106 页。在思朗特看

第二章
理论语义下的跨国司法对话

来,"横向对话"即"同地位法院之间的对话,无论是国家法院还是超国家法院,也不考虑其是否跨越国家或地区边界"。同上,第103页。除进行比较分析外(也称"相互引用"),法院还可以通过承认他国判决或给予司法礼让参与横向对话。同上,第104—105页。除此之外,思朗特还提出了另外两种跨国司法对话形式。通过缔结条约确立了一种正式司法层级关系后,在条约确定范围内超国家法院可以与国家法院进行"垂直对话",例如欧盟法院与欧盟法律体系内国家法院之间的对话。同上,第106—107页。当超国家法院(如欧洲人权法院)作为一个提炼和传播国家法律原则的"管道"时,"垂直-水平混合对话"就发生了。同上,第111—112页。

〔31〕 关于这些观点的详细论述,见本文第三、四章。

〔32〕 见 SLAUGHTER, A NEW WORLD ORDER, 前注22,第86—91页(司法礼让在跨国司法合作中的作用)。虽然"司法礼让"学说起源于"国家礼让"学说,但在过去的几个世纪中,前者已经逐步独立出来,另立门户。见 Anne-Marie Slaughter, *Court to Court*, 92 AM. J. INT'L L. 708, 708 (1998)("司法礼让"的发展史)。在这一点上,斯卡利亚大法官也在哈特福特火灾保险公司诉加利福尼亚案(Hartford Fire Insurance Co. v. California)中对"法庭礼让"和立法礼让进行了区分。见509 U. S. 764, 817 (1993)(斯卡利亚大法官反对意见书)。他主张当法院认为"将某些事情交由其他法院裁判乃更佳的选择时",法院可能会放弃管辖权,此即司法礼让。同上。斯卡利亚大法官引用了约瑟夫·斯特利在《论法律冲突》中对"法庭礼让"和"国家礼让"的区分。JOSEPH STORY, COMMENTARIES ON THE CONFLICT OF LAWS §38 (1834).

〔33〕 Hartford Fire Ins. Co., 509 U. S. at 817(斯卡利亚大法官持反对意见)。

〔34〕 例如一家公司在美国法院和英国法院同时申请破产,两个法院指定的破产管理员经过详细的商讨最终达成双方法院都认可的统一意见,制定破产流程且确定双方法院对该破产诉讼的责任分配。见

规范协调与角色选择
跨国司法对话在制定与施行国际法中的作用

Maxwell Communication Corp. v. Barclays Bank(简称"Maxwell Communication Corp."),170 B. R. 800 (Bankr., S. D. N. Y. 1994),相关讨论见 Slaughter,*Judicial Globalization*,前注 16,at 1114 & n. 43;另见,Lore Unt, *International Relations and International Insolvency Cooperation: Liberalism, Institutionalism, and Transnational Legal Dialogue*,28 LAW & POL'Y INT' L BUS. 1037(1997)(跨国司法对话应当在国际破产计划中扮演重要角色)。"积极礼让"这一概念最早是由美国和欧盟反垄断管理者提出的,他们认为"积极礼让"并不表示屈服于其他主权或法律体系,而指当合作政府提出礼让要求时,本国通过积极礼让达成协议,以进行调查和实施国家权力。见 Kal Raustiala, The Architecture of International Cooperation: Transgovernmental Networks and the Future of International Law, 43 VA. J. INT'L I. 22(2002)。

〔35〕 Slaughter,*Judicial Globalization*,见前注 16,at 1113。司法礼让包括"承认不同国家法院有权处理合理部分的争端……并且它们在世界范围内审判时处于同样的地位"。同上。思朗特提出兴起的司法礼让学说还包含另外两个要素——"重视个人权利和司法对这些权利的保护",以及"承认法律全球化既是经济全球化的导因亦是其结果"。同上。

〔36〕 上述两种对话模式并不是相互孤立的;相反,任何对话都可能同时运用比较分析和司法礼让这两种手段。然而,受对话成熟度等因素的影响,每种手段起到的作用也会有所不同。本文在第四章对正在兴起的跨国言论对话进行研究,在此过程中我们可以发现对话重心正在从早期的司法礼让逐步转移至作为案例法主体的比较分析。

〔37〕 详见第四章第一部分第 1 点的论述[Yahoo!, Inc. v. La Ligue Contre le Racisme et L'Antisemitisme,169 F. Supp. 2d 1181(N. D. Cal. 2001)]。

〔38〕 加拿大最高法院和澳大利亚最高法院(跨国司法对话的积极参与者)的法官也强调各国法官之间的接触可能促进跨国司法对话的展开。正如加拿大最高法院前法官 L'霍莱克斯-杜贝所说:

第二章
理论语义下的跨国司法对话

> 法官们经常在国际法官会议上就常见的问题展开探讨，他们可能互相发电子邮件，也可能互通电话……这种近距离互动已经屡见不鲜了。我同来自美国、津巴布韦、南非、以色列等国的法官建立了友谊，这使我们能够相互讨论各自法院的判决，商议跨国案件。

L'Heureux-Dubé，前注24，第26页。她主张举办"国际峰会"以邀请各国最高法院的法官共聚一堂，"这会促进跨国司法理念和判决的交流"。同上。来自澳大利亚最高法院的法官迈克尔·科比同样指出了法官之间联系的重要性。见 Michael Kirby, *Think Globally*, 4 GREEN BAG 2D 287, 291-92（2001）（"法官们很乐意参与会议……在耶鲁大学举办的国际司法会议将迎来15个国家的终审上诉法院法官，相信这些具有高度影响力的国家领导人物将会在谈话中碰撞出不一样的思想火花。"）安妮-玛丽·思朗特充分解释了各国法官之间非正式对话的发展及影响力，见 *Judicial Globalization*，前注16，第1120—1123页和 A NEW WORLD ORDER，前注22，第96—99页。

〔39〕 SLAUGHTER, A NEW WORLD ORDER，前注22，第99页。

〔40〕 一些美国最高法院大法官与他国法官保持着广泛的个人接触，这无疑是他们越来越倾向于在判决中援引外国判例的原因。在布雷耶大法官和奥康纳大法官接受美国广播公司采访时，布雷耶大法官以劳伦斯诉得克萨斯州案为例阐述了他国意见是如何影响美国法院判决的：

> 有一个听上去老套但亘古不变的真理，那就是整个世界其实是共同发展的，这一点我们很多人都已经见证过了。随着贸易的发展，全球化趋势的增强，民主制度的传播，美国移民数量的上涨，整个世界已然逐渐变成各式各样的人的共同家园；因此，如何与其他人和谐共处是我们终将面临的挑战。

规范协调与角色选择

跨国司法对话在制定与施行国际法中的作用

> 那么,我们的宪法是否应该或者如何适应他国的法律规定呢?
> 这个问题将交由我们的后代去解答。

对布雷耶大法官与奥康纳大法官的采访,见 *This Week with George Stephanopoulos*(美国广播公司,2003 年 7 月 6 日)(采访内容已发表在《乔治敦法学期刊》上)。谈及奥康纳大法官、肯尼迪大法官、布雷耶大法官及金斯伯格大法官拜访欧洲最高法院可能带来的影响时,奥康纳大法官在四年前接受采访时回应道:"对于一些美国法院正在解决的实体问题,我们十分乐意请教这些法院的处理方式,并且也会在未来考虑援引相关且有益的判决。"Press Briefing Transcript, United States Mission to the European Union, U. S. Justices Compare U. S., EU Judicial Systems (1998 年 7 月 8 日);另见 Linda Greenhouse, *Heartfelt Words from the Rehnquist Court*, N. Y. TIMES, July 6, 2003, at A3。最高法院大法官游历了很多国家,并参与国外司法会议及法治项目,这些活动所带来的影响深深反映在大法官们对劳伦斯诉得克萨斯州案与格鲁特尔诉勃林格案(Grutter v. Bollinger)的态度中。"我们有理由相信(奥康纳大法官对格鲁特尔案的意见书)不仅致力于说服国内听众;奥康纳大法官作为世界宪政建设的明星参与者,这一意见书的受众也包括世界各地的人。"见第四章(法官对于在宪法分析中援引国外法律渊源这一现象的评论)。

〔41〕 见 Raustiala,前注 34,第 17—19 页。基于双边协定谈判与建立复杂的国际机构网络以监督协定内容的执行,自由国际主义学派提出了一套国际合作与管理体系。联合国就是自由国际主义的产物。同上,第 17 页。

〔42〕 见 SLAUGHTER, A NEW WORLD ORDER,前注 22,第 8 页("二十世纪四十年代末期建立的国际机构已然过时且不足以应对当代挑战",然而,建立"世界政府"同样是不可取的,因为它将"无可避免地威胁到个人自由")。

第二章
理论语义下的跨国司法对话

〔43〕 见 Peter M. Haas, *Introduction : Epistemic Communities and International Policy Coordination*, 46 INT'L. ORG. 1, 3 (1992) ("认知群体"由"某一领域的具备公认专业知识和能力的翘楚以及政策相关知识所组成");另见 Harold Hongju Koh, *Why Do Nations Obey International Law?*, 106 YALE L. J. 2599, 2648 (1997) [简称为"Koh, *Why Do Nations Obey?*"](认知共同体的形成,以及在里根政府试图将"星球大战"策略归入《反弹道导弹公约》时认知共同体在这一辩论中所起到的作用)。

〔44〕 见 Raustiala,前注 34,第 10 页;Slaughter, *The Real New World Order*,前注 29,第 184 页。("这个国家并不是在消失,而是在解体,分解出来的每一部分都具备独特的功能。无论是法院,抑或是管理机构、行政机构甚至是立法机构,它们都与国外的相应部分紧密联系在一起,最终构成一个紧密的关系网,形成新的跨政府秩序。");另见 SLAUGHTER, A NEW WORLD ORDER,前注 22,第 12—15 页("解体国家"的发展与重要性)。

〔45〕 安妮-玛丽·思朗特将跨政府网络系统称为"二十一世纪国际框架的蓝图""信息时代的最优组织形式"。Slaughter, *The Real New World Order*,前注 29,第 197 页;另见 Anne-Marie Slaughter, *Governing the Global Economy Through Government Networks*, in THE ROLE OF LAW IN INTERNATIONAL POLITICS 204 (Michael Byers ed. , 2000)。

〔46〕 见 Raustiala,前注 34,第 3 页注释 9 (对这一部分研究的举例)。正如一位调控网络的学者所说:"调控合作彰显了在其他政治领域和国际管理领域相互依赖带来的影响,因此,这一课题的正确性值得进行更为深入的研究。" Kalypso Nicolaidis, *Regulatory Cooperation and Managed Mutual Recognition : Elements of a Strategic Model*, in TRANSATLANTIC REGULATORY COOPERATION: LEGAL PROBLEMS AND POLITICAL PROSPECTS 571, 571 (George A. Bermann et al. eds. , 2000),劳斯蒂亚对此部分加以引用,见前注 34,第 3 页注释 9。

〔47〕 见 SLAUGHTER, A NEW WORLD ORDER,前注 22(调控者、

法官及立法者之间是如何形成跨政府网络的)。

〔48〕 同上,第65—103页(各种司法网络的形成)。

〔49〕 同上,第69页。

〔50〕 Slaughter, *The Real New World Order*,前注29,第189页;另见 Slaughter, *Judicial Globalization*,前注16,第1124页。

〔51〕 Slaughter, *The Real New World Order*,前注29,第189页。

〔52〕 见 Slaughter, *Judicial Globalization*,前注16,第1124页(通过就宪法问题参与对话,法院正在"推行一种对人权法更为多元化及语境化的理解")。

〔53〕 见 SLAUGHTER, A NEW WORLD ORDER,前注22,第68—69页(法院共同体的组织原则之一即是"允许多元化及合理区别的存在——在解决相同法律问题时,法官承认不同方式的有效性。这种多元化立足于普遍的基本价值观")。

〔54〕 诚然,这一方法与政府主义学家为了向弱势国家灌输自己的法律制度而提出的"监管趋同"(例如美国及欧洲监管机构所为)有一定的相似性。见 Raustiala,前注34,第51—71页("监管趋同")。笔者在本书剩余部分讨论了范式趋同产生的原因,并且就"法院如何进行跨国对话以促进对国际法更为多元化及语境化的理解"提出了相应建议。详见第二章第三部分及第四章。

〔55〕 见 Raustiala,前注34,第80—81页(简要论述网络与跨国诉讼程序的相关性)。

〔56〕 Harold Hongju Koh, *Transnational Legal Process*, 75 NEB. L. REV. 181, 183-84(1996)[简称为"Koh, *Process*"]。有时也称其为"新国际诉讼程序",见 Mary Ellen O'Connell, *New International Legal Process*, 93 AM. J. INT'L L. 334(1999),国际诉讼程序试图解决传统国际诉讼程序理论中的规范性缺陷。传统国际诉讼程序将重点放在国际诉讼程序的功能上——例如"对国际事务决策权的分配","某一机构是如何与整个系统共同制约及安排国家和个人行为的"。ABRAM

第二章
理论语义下的跨国司法对话

CHAYES ET AL. ,INTERNATIONAL LEGAL PROCESS at xii(1968). 然而,国际诉讼程序并不考虑这些程序的规范性。传统国际诉讼程序的批判者认为传统学派"最终将走向'深度描述',使程序凌驾于价值之上,法律凌驾于政治之上,更加注重'如何'达成结果而非探究这一现象背后的原因"。Harold Hongju Koh, *Transnational Public Law Litigation*, 100 YALE L. J. 2347,2399(1991)[简称为"Koh,*Public Law Litigation*"]。反之,跨国诉讼程序理论家则更为注重国际诉讼程序的规范性,并且通过深入了解法律、经济学、共和主义、自由主义及其他法律理论以探求国际法律体系的规范性依据。见 O'Connell,前注,第 338—339 页(1999 年)。跨国诉讼程序理论与新美国诉讼程序理论(也称为"新公法")并驾齐驱,后者致力于在传统诉讼程序理论中加入规范性要件。同上,第 337—338 页。

跨国诉讼程序理论起源于国际人权法,见 Sarah H. Cleveland, *Norm Internalization and U. S. Economic Sanctions*, 26 YALE J. INT'L L. 1(2001)(将跨国诉讼程序理论运用于人权经济制裁体制);Koh, *Why Do Nations Obey?*,前注 43,第 2655—2658 页(跨国诉讼程序与国际人权的关系)。科尔强调当事人可以特别针对人权问题提起跨国诉讼(见同上,第 2655—2656 页),但越来越多的学者认为这一理论可以适用于更宽泛的情境之中。见 David M. Driesen, *Choosing Environment Instruments in a Transnational*, 27 ECOLOGY L. Q. 1(2000)(国际环境法);Sean D. Murphy, *Biotechnology and International Law*, 42 HARV. INT'L L. J. 47(2001)(生物技术与生物多样性)。

〔57〕 Koh, *Why Do Nations Obey?*,前注 43,第 2646 页。

〔58〕 Koh, *Process*,前注 56,第 199 页。科尔提出:

> 这样的跨国诉讼程序是标准的,动态的。对这一程序的执行可以进一步指导各方在今后更好地进行跨国互动;将来对这一程序的执行能够逐渐内化上述规范;最终,重复参与诉

规范协调与角色选择
跨国司法对话在制定与施行国际法中的作用

讼程序则有助于激发兴趣甚至确定程序参与者。

Koh, *Why Do Nations Obey?*,前注43,第2646页。我们最终的目标并不是令跨国行动者"遵守"(compliance)国际法,而是让其"服从"(obedience)。跨国行动者之所以寻求与其他行动者进行互动,"并不是要强迫另一方,而是在试图将对国际规范的新解内化至另一方的内在规范系统中,以'约束'(bind)对方将遵守这种解释视为其内在价值系统中的一环"。同上。关于如何定义"服从",见 Harold Hongju Koh, *Bringing International Law Home*, 35 HOUS. L. REV. 623, 627-41 (1998)[简称为"Koh, *Bringing International Law Home*"]。

〔59〕 Koh, *Bringing International Law Home*,前注58,第649—650页(论"法律宣告平台")。法律宣告平台"由政府平台和跨政府平台组成;这些平台旨在向大众介绍国际法普遍规范,以及解释如何在具体环境中适用这些规范"。同上,第649页。笔者在第三章第二部分中将举例论述死刑在法院中的适用情况。

〔60〕 例如,提起跨国公法诉讼的原告可能要求法院作出确认判决,并且在判决中从司法角度对相关国际法规范进行阐释,由此确认一个或多个跨国行为者违反了这一规范。此后,原告(或其他跨国行为者)会持有一"谈判筹码"(司法确认)要求其他"法律宣告平台"(包括立法机构、国际组织、国内法院、国际法庭)对这一规范进行进一步阐述和释明。见 Koh, *Public Law Litigation*,前注56,第2371页(提起跨国公法诉讼的原告通常有"一个前瞻性的目标,因此寻求对国际规范的司法确认和解决过去争端同样重要";与此同时,他们也"意识到在国内或国际平台上同样可以运用这些规范进行司法解释或政策商讨")。因此,科尔主张"在跨国公法诉讼已然触变更为复杂的跨国诉讼程序的今天,国内司法判决不再是最后一站,也不再是单向的"。Koh, *Process*,前注56,第199页。

〔61〕 "释义群体"由各种法律宣告平台组成,"当这些平台共同

第二章
理论语义下的跨国司法对话

感知到国家的国际行为面临挑战时,它们定义、解释以及测试如何定义某一规范,并且对违反这一规范的行为提出意见"。Koh, *Bringing International Law Home*,前注 58,第 649—650 页。

〔62〕 究竟司法对话的迭代过程会对参与者产生什么样的影响,加拿大最高法院在对"死囚区现象"上转变立场的行为为我们提供了一个非常经典的例子。见后注 150—167 及对应正文。

〔63〕 Koh, *Bringing International Law Home*,前注 58;Koh, *Why Do Nations Obey?*,前注 43,第 2655—2659 页(跨国诉讼程序在规范内化过程中起到的作用)。科尔将把国际规范内化为国内体制这一过程分为社会内化、政治内化和法律内化过程。Koh, *Bringing International Law Home*,前注 58,第 642 页。跨国诉讼程序学者同样认可创造规范的重要性:正如科尔所说:"规范参与构建这个正在兴起的国际社会,而跨国诉讼程序则促进了这些规范的发展。"Koh, *Why Do Nations Obey?*,前注 43,第 2655 页。

〔64〕 见前注 16 及对应正文。

〔65〕 见前注 16 的引用部分;另见 Oona A. Hathaway, *Do Human Rights Treaties Make a Difference*, 111 YALE L. J. 1935, 1960-62 (2002); Harold Hongju Koh, *On American Exceptionalism*, 55 STAN. L. REV. 1479, 1480 (2003) ("将国际法选择性内化入美国法律体系并不一定会威胁美国主权"); Koh, *Why Do Nations Obey?*,前注 43,第 2622 页("遵守国际法本身就是一种构建性行为,这种行为反过来会修改国内法,重塑国内政府机构,并改变国内决策者的态度")。

〔66〕 见 Julie A. Nice, *Equal Protection's Antinomies and the Promise of a Co-Constitutive Approach*, 85 CORNELL L. REV. 1392-93 nn. 1-4 (2000)。

〔67〕 同上,第 1414 页〔引自 Alan Hunt, *Law, Community, and Everyday Life: Yngvesson's Virtuous Citizens and Disruptive Subjects*, 21 L. & INQUIRY 173, 178-79 (1996)〕。

〔68〕 同上,第1392页。

〔69〕 见 Koh,*Bringing International Law Home*,前注58,第649—650页。

〔70〕 卡尔·劳斯蒂亚提出了另外一种类似的现象,即"法律输出"——监管网络使监管规则与实践从实力最强的国家开始向世界其他地区扩散(最为典型的就是美国与欧盟成员国的实践)。Raustiala,前注34,第51—70页(法律输出与监管趋同)。

〔71〕 约瑟夫·奈于二十世纪八十年代提出了"软实力"的概念,并且在其近期的著作中对这一概念进行了进一步剖析,阐述了"软实力"在美国外交政策中发挥的关键作用。见 JOSEPH S. NYE, JR. , SOFT POWER: THE MEANS TO SUCCESS IN WORLD POLITICS(2004)。

〔72〕 Raustiala,前注34,第51页(输出国内监管规则的方法"更倾向于劝说性的而非命令性的……国家通过软实力去诱导,用硬实力去强迫")。

本书第三、四章举例论述了有关死刑和跨国言论的规范输出问题。在当今世界,废除死刑乃大势所趋,而欧洲对于禁止死刑规范输出所取得的卓越成效也大大推动了这一进程(见第三章)。就跨国言论而言,来自欧洲、美国、加拿大和澳大利亚的跨国行动者们也正在致力于输出本国规范(见第四章)。

〔73〕 这一过程与卡尔·劳斯蒂亚提出的"监管趋同"有异曲同工之妙。劳斯蒂亚认为参与跨政府监管网络系统能够推动各国法律体制围绕一个中心模型进行趋同。见 Raustiala,前注34,第57—58页。

〔74〕 正如笔者在第四章论述的,在美国和澳大利亚尚未就某一问题提出政策性解决方案时,两国诉讼当事人要求国内法院认可规制互联网言论的国际规范(见第四章第二部分第2点)。同样,劳斯蒂亚强调,"当监管网络能够使不同监管环境相似化或者使跨境行为一致且可预测时,就可以认为该监管网络促进了监管趋同"。见 Raustiala,前注34,第58页。

第二章
理论语义下的跨国司法对话

〔75〕 见前注38—40及对应正文(各国法官非正式接触的影响)。

〔76〕 Robert O. Keohane & Joseph S. Nye, *Transgovernment Relations and International Organizations*, 27 WORLD POL. 39, 45(1974). 跨政府主义学家已经在著作中论述了监管网络的社会化进程。见 Raustiala, 前注34, 第55、81页。

〔77〕 跨国诉讼程序学家或许认为这种社会化进程创建了"释义群体"。见 Koh, *Bringing International Law Home*, 前注58, 第649—650页。

〔78〕 案例分析同样弥补了学术界对非正式司法对话研究的缺失。截至目前,大量机构已经对正式且基于协定的司法网络进行了实用化研究(例如欧洲法庭),见前注21;另见 Jenny S. Martinez, *Towards an International Judicial System*, 56 STAN. L. REV. 429(2003)(国际司法体系在国内法院与国际法庭中的发展)。然而,对于各国法院间非正式司法对话的研究却少之又少。见 SLAUGHTER, A NEW WORLD ORDER, 前注22, 第65—103页(论基于各国法官间非正式对话的司法网络的兴起); William J. Aceves, *Liberalism and International Legal Scholarship: The Pinochet Case and the Move Toward a Universal System of Transnational Law Litigation*, 41 HARV. INT'L L. J. 129(2000)(对于皮诺切特案中非正式司法对话的研究); Laurence R. Helfer & Anne-Marie Slaughter, Toward a Theory of Effective Supranational Adjudication, 107 YALE L. J. 273(1997); Slaughter, *Typology*, 前注17(跨司法对话的象征主义,包括法院间的非正式对话);见后注92。此处的案例研究丰富了我们对非正式司法对话功能的理解,即法院自行决定是否参与非正式司法对话,以何种模式进行沟通,乃至参与者和非参与者的动机。因此,案例研究探究了国内法院在参与各种跨国司法对话时可能面临的实践与规范性问题。

〔79〕 见 Soering v. United Kingdom, 161 Eur. Ct. H. R. (ser. A)1989; 另见后注108—114及对应正文。

〔80〕 见 State v. Makwanyane, 1995(3)SALR 391(CC)(S. Afr.);

另见后注 127—129 及对应正文。

〔81〕 见 Citron v. Zündel,〔2002〕41 C. H. R. R. D/274 (Can. Human Rights Trib.), http://www.chrt-tcdp.gc.ca/decisions/ docs/ citron-e. htm;另见本书第四章第一部分第 2 点的论述。

〔82〕 见 Yahoo!, Inc. v. La Ligue Contre Le Racisme et L'Antisemitisme, 169 F. Supp. 2d 1181 (N. D. Cal. 2001);另见本书第四章第一部分第 1 点的论述。

〔83〕 Koh, *Process*, 前注 56, 第 199 页。本书提到的共构程序与跨国司法程序理论有诸多相似之处。见本书第二章第二部分的论述。

〔84〕 见本书第五章。

第三章 关于死刑的跨国司法对话

1989年,在西塞尔诉英国案[85]中,欧洲人权法院裁定,英国不能将一名实施谋杀罪行的德国公民引渡到美国,因为美国未能事先保证不会将该德国公民判处死刑[86]。法院解释说,对西塞尔的引渡违反了《欧洲人权公约》中"禁止不人道或有辱人格的待遇或处罚"的规定。[87]

1995年,在姆布舒诉坦桑尼亚案[88]中,坦桑尼亚最高法院认为"死刑是一种酷刑",因此,"死刑在本质上是非人道的、残酷的和有辱人格的刑罚"[89]。然而,法院拒绝将死刑裁定为违宪,认为根据坦桑尼亚宪法的"保留"(savings)条款判处死刑是合理的,坦桑尼亚宪法允许克减某些损害公共利益的权利。[90]

2002年,在雷耶斯诉女皇案[91]中,英国枢密院以英联邦在加勒比最高上诉法院的身份裁定,强制执行死刑违反了《伯利兹宪法》中禁止残忍或不人道的惩罚行为之规定。法院解释说,强制性死刑判决未彰显人性司法。[92]

虽然各国在适用死刑这一议题中的立法背景以及法律规范有所不同,但各国在立法过程中都使用了比较法的立法思路。各国法院在裁决中援引并参照了各种关于死刑的司法判决以及相关的国际法规定。通过此种方式,法院利用比较法参与广泛的司法对话,在国内法和国际法层面建立和发展关于死刑的法律规范。参加死刑跨国司法对话的机构包括各个多国组织和国际法庭[93],从前东欧集团到撒哈拉以南非洲新兴民主国家的宪法法院[94],再到在西欧和加拿大已建立的民主政权的国家法院[95],再到英国此前在美洲殖民地的国家法院[96]。

死刑案件在法庭上出现的情形各有不同。有些案件是死刑本身的有效性直接受到宪法制约。[97]另一些案件则是基于所谓"死囚区现象"(death row phenomenon)是残忍或不人道的刑罚方式。[98]此外,国内法院参与跨国司法对话并不限于仍然存在死刑的国家,废除死刑的国家也可以参与对话,以决定是否可

第三章
关于死刑的跨国司法对话

以将嫌疑人引渡至有可能判处死刑的国家。[99]

尽管死刑案件发生在地理位置、政治制度和法律背景截然不同的国家,但对这些国家的法律规范进行最粗略解读,便可对相应的国际背景有着更加敏锐与全面的认识。参加死刑跨国司法对话的法院对外国司法判决和有关死刑的国际法来源都有着透彻的了解。[100]更重要的是,这些法院有意识地将本国法律规范置于外国和国际法的语义内,表现出其想拥有关于死刑的更广泛之国际话语权的司法意愿,甚至说是一种渴望。[101]

一、现行规范的演变:死刑——残酷或不人道的刑罚

发展非正式跨国司法对话的一个关键部分是保护个人权利的国内和国际法律准则相互趋同。例如,在死刑方面,禁止残忍或不人道的刑罚规定起到了至关重要的作用。在主要的国际人权组织以及几乎所有现代国家宪法中都禁止残忍或不人道的惩罚,这为

规范协调与角色选择
跨国司法对话在制定与施行国际法中的作用

各国法院提供了一个共同的参照标准,以形成跨国司法对话。[102]与此同时,世界各国之间的司法对话充实并形成了这一规范的具体内容,这一点不仅在死刑方面,在其他权利的保护方面也可见一斑。这个过程是一个共构的过程,其中存在共同的国际法律规范并鼓励国内法院之间开展司法对话。这种对话反之也促进了对规范内容的司法理解,并由此促使世界范围内的司法趋同,达到禁止死刑的单一规范标准。

死刑作为一种残酷或称之为不人道的刑罚在立法层面历经了巨大变化,这有力地体现了共构过程在现实中的作用。虽然禁止残忍或不人道的刑罚早已被广泛地认为是国际习惯法的基本规范[103],但时至今日很少有国家认为这一规范是对适用死刑的限制。但是,过去二十年来,通过国内法院和跨国法院的司法解释,禁止残忍或不人道的刑罚已经演变为包含对死刑的实际限制。法院通过比较分析,将这一规范解释为逐步限制甚至取消允许使用死刑的国内法规。[104]

二十世纪九十年代初,世界各国逐步意识到所谓的"死囚区现象"可能违反禁止残忍或不人道的刑罚

第三章
关于死刑的跨国司法对话

措施。[105]"死囚区现象"是指由于漫长上诉程序,导致死刑通常无限期拖延,这尤其体现在财产案件中。[106]美国法院丝毫不认为这种旷日持久的拖延可能增加死刑所带来的残忍或不人道的后果,但布雷耶大法官明显不支持这种观点。[107]在其他国家,针对"死囚区现象"的争论仍然激烈。

1989年在西塞尔诉英国案[108]中,欧洲人权法院的判决认为"死囚区现象"加之各种其他因素构成了残忍或不人道的刑罚[109]。法院一致认为,英国不能将谋杀嫌疑犯引渡至弗吉尼亚州,因为在弗吉尼亚州该嫌疑犯可能会被判处死刑,因此法院采取了大致"平衡利益"(balancing of interests)的方式。[110]法院采取了各种有利于引渡的因素,其中包括避免欧洲国家成为逃犯的"安全庇护所"(safe havens)。[111]另外,法院对犯罪嫌疑人在弗吉尼亚州死囚区所谓"极端情况"下可能拖延的时间长度(平均六年至八年)表示高度关注。[112]考虑到嫌疑人在谋杀时仍是青年、精神状态存疑、在犯罪中起次要作用,以及他的国籍国(德国还要求引渡他)可以进行审判[113],鉴于上述因素,法院认为,将西塞尔引渡至可能面临死刑的弗吉尼亚州违反了《欧洲人权公约》中禁止"不人道或有辱人格的待遇或处罚"的规定。[114]

在西塞尔案发生四年后,津巴布韦最高法院同样认为拖延执行六年或更长时间违反了津巴布韦宪法中禁止残忍或不人道处罚的规定。[115]在天主教委员会诉检察长一案中,津巴布韦法院对死囚区现象进行了广泛的司法和学术调查,详细讨论了美国、印度和西印度群岛法院的不同意见,以及欧洲人权法院在西塞尔案中持有的意见。[116]在对残忍或不人道处罚规范进行解释时,津巴布韦法院强调西塞尔案件中法院对美国死囚制度的评估是法院进行裁决的主要理由。[117]值得注意的是,津巴布韦法院还审议并驳回了早前的一项裁决,即英国枢密院裁定死囚区现象并不构成牙买加宪法规定的残酷或不人道的刑罚。[118]

仅仅数月之后,枢密院改变了其此前的决定,对津巴布韦最高法院作出了回应,称在这次裁决中法院一致认为,根据牙买加宪法,死囚区现象确实构成了残忍或不人道的刑罚。[119]法院认为,五年或更长时间的延迟执行则被推定为违反禁止残忍或不人道处罚的规定。[120]法院进一步指出,本案拖延近十四年"已

第三章
关于死刑的跨国司法对话

构成欧洲人权法院认定的侵权……这一时长达到了欧洲公约时间限制的两倍"[121]。然而,该法院并未意识到死刑拖延的时间只是法院在西塞尔案中考虑的因素之一。[122]

在最近的案例中,法院通过论证死刑本身是否违宪,扩大了此前针对禁止残忍或不人道刑罚的解释。[123]例如,在伯利兹近期的案件中,枢密院认为,对谋杀强加死刑的犯罪条款违反了伯利兹宪法禁止残忍或不人道的处罚。[124]法院讨论了西塞尔案以及美国、印度、南非和圭亚那的司法意见,并审议了各项国际和区域人权组织的相关条款。[125]基于这种比较法分析,法院认为不当地适用强制性死刑判决不利于人性司法,从而违反了宪法中禁止残忍或不人道刑罚的规定。[126]

南非宪法法院进一步表示,任何适用死刑的做法都违反了南非宪法禁止残忍或不人道刑罚的规定。[127]在一项180页的意见书中,法院对这一问题进行了迄今为止最为全面的域外法和国际法的比较分析。[128]法院的结论是,死刑等同于残忍或不人道的刑罚,因为它"终结了生命并摧毁了人的尊严",并且适用死刑会不可避免地具有主观性,从而导致误判。[129]

在上述案件中,法院都使用外国判决进行相关司法解释并提供先例加以支撑,以解释为何禁止残忍或不人道的刑罚。在这些情况下,我们也看到了判例法"升华"的有趣过程。例如,最近的案例严重依赖于欧洲人权法院在西塞尔案中的裁决,尽管这些法院正在大力扩大案件的审理范围。[130]如上所述,法院倾向于探讨西塞尔案中的死囚区现象,尽管这只是法院考虑的因素之一。此外,在之后的案件中,其他法院依靠此案支持它们认为死刑本身属于残忍或不人道刑罚的观点,然而在西塞尔案中法院明确回避了这个问题。[131]虽然这种对外国先例的创造性解释可能受到质疑,但它们使法院能够利用比较法的对话方式逐步扩大禁止残忍或不人道刑罚之国际准则的内容。[132]

二、有关死刑的对话与司法认同的转化

非正式跨国司法对话引人注意的特点之一是其对司法认同的变革性影响,即国家法院构建了其在跨

第三章
关于死刑的跨国司法对话

国组织中的角色。有关死刑对话的案例研究揭示了世界上许多法院有着通过比较法参与到外国法院对话中的司法意愿,甚至是渴望。如果某国打算接受逐渐废除死刑的司法共识,最有可能援引域外法和国际法的相关规定。但更值得注意的是在对话中一些持有少数观点的法院意见,在这个问题上这些法院也仔细研读域外和国际的法律规范,对相应的法律规范作出回应并在维护死刑有效性时对这些规定作出辨识。[133]因此,在这个问题上的对话并不仅仅是持有相同意见的法院之间的独角戏:它越来越成为对这个问题持有分歧意见的法院之间进行的真正对话,但是不论意见如何,各国法院都承认国内法院是国内法律规范与国际法律规范之间的重要协调者。[134]

法院参与关于死刑的跨国司法对话的动机各不相同。在某些情况下,国内宪法甚至授权对外国和国际规范进行司法审查,从而鼓励这些国家的法院积极参与关于一系列问题的司法对话。[135]除此之外,法院可能会因为出于提升国际声望和国际话语权的动机而参与跨国司法对话。[136]在另外一些案例中,法院可能认为,援引域外法和国际法将会使国内法院作出的判决在国内民众看来具有更大的合法性和说服力。[137]

一个相关的理论依据是追求"司法授权"(judicial empowerment)[138]。例如，对于新兴民主国家的宪法法院而言，关于是否适用死刑是首先需要解决的问题。在这种情况下，新设立的宪法法院享有类似决定马伯里诉麦迪逊案相关议题的权力，它们认为宪法机构有权根据国际法对国家法律进行司法审查。[139]从某种意义上说，参与跨国司法对话使得这些新兴法院能够"借用"其他更优秀的、更有实力的域外法的声望，从而帮助自己提升在国内政治和法律制度中的地位。[140]

然而，参与死刑司法对话的最普遍动机似乎仅仅是在裁定个人人权等类似问题时能够拥有共同的司法目的。[141]事实上，在处理相关案件中，很多法院几乎不解释或证明其在多大程度上依赖了域外法和国际法。相反，它们似乎认为依靠这些资源是无须解释的，因此只是简单地指出其他司法管辖区的经验和见解对解释其国内宪法条款具有指导意义。[142]

这种方法可能会让那些深谙当前美国最高法院

第三章
关于死刑的跨国司法对话

判例的学者感到意外,法官们正开始大力论证在宪法解释中使用域外法和国际法的合法性。[143]然而,对于其他国家的法院而言,依赖外国法律规范是一种常识,没有较大的论证意义。[144]除了死刑之外,这些法院在处理与个人权利有关的其他问题时,也长期援引域外法和国际法。[145]依据这些法院的观点,当前面对的问题和域外法以及国际相关法律规定的都非常相似,可以就个人权利进行共同对话。[146]这些法院进一步认为,国际司法机构享有参与对话的特殊资格,并可以通过对话制定相应的法律规范。

事实上,跨国司法对话的一个显著特征是其对国内法院在国内政体中所发挥作用的变革性影响。[147]在外交政策中,参与死刑对话的法院对相关行政部门的依赖性减弱,而在监督行政部门在跨国规则制定过程中充分发挥自由裁量权。[148]此外,在个人人权问题上,法院不太可能顺从国内民众,而更愿意将国外和国际准则引入国内法,即使这些准则不一定符合大多数人的意见。[149]

加拿大最高法院的两起案件生动地诠释了这种司法认同的转变。1991年,在金德勒诉加拿大案[150]

中,加拿大最高法院面临着一项类似于欧洲人权法院在处理西塞尔案中的引渡问题[151]。然而,加拿大法院与西塞尔案中的处理意见有所不同:加拿大法院以四比三的结果作出裁决,将嫌疑人引渡至美国。加拿大法院认为该裁决并不违反"残忍或不人道的刑罚"之规定或《加拿大人权和自由宪章》中的"生命权"条款。[152]

在金德勒案中,加拿大最高法院设想将加拿大宪章狭义适用于引渡案中[153],强调司法必须遵循加拿大公众的民意以及行政部门的特权。法院在确定引渡是否违反宪章时指出,"这一问题的关键是……域外法的相关规定是否在一定程度上对加拿大普遍的价值观产生冲击"[154]。法院进一步解释说:"法官必须避免强加自己对此事的主观意见,并且要求法官客观评估加拿大民众对于'将嫌疑犯引渡至面临死刑的国家'这一做法是否从根本上不符合加拿大的主流价值观。"[155]法院的结论是,尽管加拿大本身已经废除死刑,但在加拿大没有法律依据表明死刑"在道德上是令人憎恶与不能接受的"[156]。

法院对行政部门的特权更加尊重。法院指出:"引渡涉及法官可能无法处理的利益和复杂情况……

第三章
关于死刑的跨国司法对话

因此,法院必须非常谨慎,以避免对行政部门行使权力进行不适当的干涉。"[157]

然而,十年后,加拿大最高法院一致改变了其立场。在美国诉伯恩斯案[158]中,法院认为,引渡嫌疑人致使其面临死刑刑罚违反了加拿大宪章中规定的"生命权"条款[159]。在伯恩斯案中,加拿大最高法院不愿意顺从加拿大公众或行政部门对"宪章"的解读。在与行政部门的关系上,伯恩斯案的审判法院认为:

> 通常而言,行政部门而非法院需要负责对引渡政策中的竞争因素进行考量,但是否应当使用死刑,正如死刑本身是否合法的问题,则是另一个层面的问题。刑法的误用由于人类经验所致,这完全属于"作为司法系统监护人的司法机构本身应当承担的职责"。[160]

关于加拿大公众对死刑的意见,法院认为:

> 尽管在金德勒案中我们认为"平衡过程"……是可取的做法,但是这一理论挑战

了公众的良知，类似的理论……包括民意调查……表明法官放弃其在涉及基本正义原则事务中的宪法责任。[161]

值得注意的是，加拿大法院大力借鉴域外法和国际法。例如，加拿大法院详细地引述了南非宪法法院的意见：

加拿大法院承担的责任与南非宪法法院宣布该国死刑违宪有关："公众舆论可能与调查有一定关系，但它本身不能替代法院具有的不受干扰地解释宪法和维护宪法的义务。赋予法院对所有立法的司法审查权，正是为了保护少数人以及其他无法通过民主程序充分保障其个人权利之人的权利。"[162]

在金德勒案中，法院调查了加拿大人对死刑的看法，但更加注意讨论"国际反死刑趋势"[163]。法院的结论是，自金德勒案以来的十年中，"反对没有获得引

第三章
关于死刑的跨国司法对话

渡国保证的引渡行为的民众越来越多",并因此认为,除非有特殊情况,这种引渡违反了加拿大宪章中规定的"生命权"条款。[164]

此外,同样需要注意的是,在伯恩斯案中法院采取了比案件事实所要求的更严格的死刑引渡的限制。法院本可以将此案与金德勒案区分开来,理由是伯恩斯是加拿大公民,而金德勒是美国公民。下级法院采取了这种做法,认为伯恩斯作为一名加拿大公民"有权将加拿大视为安全避难所"[165]。加拿大最高法院拒绝以这种方式限制其裁决,最高法院指出:"这一裁决结果更多地涉及与死刑有关的实际困难和理论困境,这些困难越发困扰加拿大、美国以及其他国家的法院与立法者,而非案件中被告人的具体情况。"[166]

加拿大的相关案件体现了各国参与关于死刑的跨国司法对话的趋势剧增。随着对话的扩大,我们可以看到司法认同的真正转变:法院正在从狭隘的"民族主义"司法角色概念向更广泛的"国际主义"司法角色概念进行转变,此前的"民族主义"概念以顺从国内舆论和尊重行政部门在对外关系中的特权为特征。在国际主义观念下,参与跨国司法对话的法院逐渐认识到其作为国际法律规范和国内法律规范之间的协调者的角色,以及其作为国际法视域中个人权利保护者的身份,对个人权利的保护不论国界或公民身份,哪怕是面临着国内政治的反对。[167]

三、有关死刑的对话和规范输出

通过共构理论的视角来看死刑对话,法院可以通过参与跨国司法对话输出自己的国内或地区规范。例如,欧洲人权法院在西塞尔案中的判决就成为输出欧洲禁止死刑法律规范的有力渠道。但法院不是从事规范输出的唯一跨国机构。立法机构、外交部、多边机构和非政府组织等其他国内或地区机构也在规范输出方面发挥着重要作用。

事实上,如果涉及多个政府机构,每个机构都在国际层面输出自己的国内规范,并且行使其自身的"软实力"来说服其外国同行采取既定规范,那么规范输出就更有可能取得成功。[168]此外,规范输出是否能够成功,部分取决于他国接受该规范的动机(如果有

第三章
关于死刑的跨国司法对话

的话)。[169]当一个国家在接受规范时有强烈的政治或经济动机,则该规范更可能在特定的国内政治和法律体系中生根。[170]

欧洲废除死刑的行动有力地证实了这一过程。西欧在对欧洲法院和政治机构的规范输出方面取得了巨大的成功。除了西塞尔案判决的重要影响之外,欧洲理事会和欧盟已经在世界范围内确定废除死刑是人权政策的基石。[171]例如,欧洲理事会已将一国是否废除死刑作为能否成为理事会成员的先决条件,并一再威胁要撤销拒绝死刑国家的成员国或者观察员国身份。[172]

前东欧集团宪法法院的判决清楚地表明西欧在规范输出方面具有强大的影响力。立陶宛、阿尔巴尼亚和乌克兰的宪法法院在其意见中强烈反对国内设置死刑刑法,并在欧洲理事会、欧盟中发表大量关于废除死刑的各种声明。正如立陶宛宪法法院所指出的那样:"欧洲理事会多次讨论死刑问题,并且每次都要求更加积极地废除死刑。"[173]阿尔巴尼亚宪法法院更加明确地指出批准《欧洲议定书》中废除死刑的要求"已成为欧洲的现实要求"[174]。

由于国内政治层面并没有通过立法取消死刑的意愿,这些国家的宪法法院将西欧规范纳入国内宪法中。尽管每个法院都认可国际条约义务以及国内宪法对死刑的规范性评估,但从这些意见的内容以及围绕法院判决的激烈国内政治争辩中,可以清楚地看到每个国家在使其法律符合欧洲标准时都承受着巨大的压力。废除死刑确保了每个国家在欧洲理事会继续保持良好的信誉并成为其加入欧盟的条件。因此,规范的说服力以及经济、政治的激励措施共同促使西欧规范成功向欧洲大陆其他地区输出禁止死刑的法律规范。

此外,欧洲向欧洲以外的国家输出废除死刑的法律规范显然不太成功。例如,英国枢密院多次试图在英联邦加勒比地区限制使用死刑,却导致了严重的负面效果。该地区的国家坚决捍卫允许死刑的国内准则,最终形成新的加勒比法院取代枢密院而成为该地区最高的上诉法院。由于缺乏类似前东欧集团国家在输出准则方面非常有效的各种经济和政治激励措施,西欧禁止死刑的法律规范尚未输出至加勒比地区。[175]

第三章
关于死刑的跨国司法对话

四、关于死刑的对话和规范趋同

除了禁止残忍或不人道的刑罚对现行习惯国际法有所发展之外,关于死刑的跨国司法对话也有助于习惯国际法在禁止死刑方面逐步趋同。这种趋同不仅基于立法行为或条约惯例,而且基于司法行动。跨国司法对话至少在两个方面有助于规范趋同进程。首先,对话是协调国家行为的重要司法工具,因为世界各地的法院都将比较法作为本国废除死刑的法律基础。随着时间的推移,这种作为惯例的司法协调有助于在全世界范围内构建"普遍和一贯的惯例",因此废除死刑的习惯国际法规范终究会形成。[176]

其次,跨国司法对话鼓励国内法院宣传国际法规范。通过这种对话,法院正在逐步宣传废除死刑的习惯国际法规范。法院继续将其法律解释与现行习惯国际法准则联系起来;但越来越多的国家也在其意见中强调国内和国际法在废除死刑这一问题上趋于一致的观点,并说明废除死刑是国际法的要求。[177]例如,2001年,加拿大最高法院针对这一问题进行了一项关于域外法和国际法的广泛比较性调查,并得出结论:

> 这一调查并未形成废除死刑的国际法规范……然而,这确实表明,国际社会正在采取行动逐步接受基本正义原则,这一原则也在加拿大法律中得到内化,如废除死刑的规定。[178]

立陶宛宪法法院进一步认为"废除死刑正在成为普遍公认的准则"[179]。因此,关于死刑的司法对话揭示了比较法与习惯国际法之间的一种有趣而重要的协同作用,这种协同作用是国际法形成过程中的关键一环。国内法院之间的比较法对话有助于协调各国的做法,并鼓励法院在特定问题上形成新的国际准则。反之,新制定的规范通过正在进行的司法对话进一步加强和巩固了国内法律规范和国际法律规范。[180]此外,习惯国际法的规定是促进各国国内制度

第三章
关于死刑的跨国司法对话

进一步协调的催化剂,从而进一步促进各国国内法与习惯国际法准则相趋同。

但是,比较法和习惯国际法之间的强大协同作用使习惯国际法的合法性在这一共构过程中产生了严重的潜在问题。例如,参与死刑的跨国司法对话的法院很少承认这样一个显而易见的重要事实,即这一对话虽然在急剧扩大,但仍然是非常局部的。参与国家的地理位置有限,亚洲、中东、前东方阵营以及美国在很大程度上缺乏司法对话。[181]此外,国内法院参与对话的能力存在严重差距,这不仅基于资源或经验的差异,而且基于不同的国内法律和政治背景。例如,南非宪法法院具有审议外国和国际法律来源的宪法授权。[182]然而,许多发展中民主国家的宪法法院缺乏明确的宪法授权来对这些法律规范进行审议。(的确,其中很多法院仅仅为了保持其免受政治干涉的司法独立性而作出巨大努力。)[183]此外,传统的普通法法院在对话中的代表性无疑不大。[184]

有关死刑对话范围的这些限制本身并不一定是有问题的。[185]但令人惊讶的是(在笔者看来,令人不安的是),在一些司法意见中倾向于在特定的法院之间使用这种对话支撑禁止死刑的新兴习惯国际法规范。例如,立陶宛宪法法院在确定禁止死刑的国内规定时主要基于欧洲判例法和比较立法进行了一项调查。基于其分析,立陶宛宪法法院认为:"废除死刑正在成为普遍接受的法律规范。"[186]

毋庸置疑,跨国司法对话可以形成一股强大的力量,并且在笔者看来,跨国司法对话在确定习惯国际法规范方面普遍具有积极作用。但是,法院在宣称只有通过司法对话才会存在习惯国际法规范时应当慎之又慎。当这种规范通过为数不多的国家进行部分司法对话而形成时,该规范本身的合法性和形成原因将会受到质疑。合法性问题将阻碍这些规范在其他国家的国内法律体系和国际法律体系中进一步的发展。[187]

第三章
关于死刑的跨国司法对话

注 释

〔85〕 161 Eur. Ct. H. R. (ser. A)(1989).

〔86〕 同上,第111段。

〔87〕 同上。《欧洲人权公约》第三条规定:"不得虐待任何人,也不得对其施加不人道或有辱人格的刑罚。"《欧洲人权保护与基本自由保障公约》,1950年11月4日,第三条,213 U. N. T. S. 222(简称为《欧洲人权公约》)。

〔88〕 〔1995〕T. L. R. 97(坦桑尼亚)。该国地位最高的法院并不是高院,而是上诉法院。更多关于坦桑尼亚及其法律系统的信息,见《美国国家部外事处颁布的坦桑尼亚背景说明》(2004年11月),http://www. state. gov/r/pa/ei/bgn/2843. htm。

〔89〕 〔1995〕T. L. R. ,第111—112页。

〔90〕 同上,第117页。法院经考虑后,驳回了当事人主张,即"在本案中适用死刑违反坦桑尼亚宪法对于生命权的保护"。同上,第104—109页。

〔91〕 〔2002〕2 A. C. 235(P. C.)(自伯利兹城法院上诉),见http://www. privy-council. org. uk/output/page51. asp。

〔92〕 同上,第43段。在研究关于死刑的司法对话时,更早关于这一课题的著作令笔者受益匪浅。首先,虽然威廉·A. 沙巴斯(WILLIAM A. SCHABAS)于1996年出版《死刑——残酷的对待方式与虐待》(THE DEATH PENALTY AS CRUEL TREATMENT AND TORTURE)在某种程度上已经过时,但这本著作全面介绍了过去几个世纪中涉及死刑的外国判例法。其次,保罗·卡洛察在近期的文章中对死刑背景下的"跨国规范网络"进行了研究,并在此过程中分析了11个国家的相关判例法。见Paolo G. Carozza,"*My Friend is a Stranger*":*The Death Penalty and the Global Ius Commune of Human Rights*, 81 TEX. L. REV. 1031 (2003)。由于卡洛察将其分析局限于"直接关系到适用死刑的合法

规范协调与角色选择
跨国司法对话在制定与施行国际法中的作用

性"案例中,并未涉及"诸如程序公正、死囚区生活条件,以及将逃犯引渡至能够对其违反人权的行为进行处罚的国家等问题",相对而言,本书在案例研究层面显得更为广泛。同上,第 1044—1045 页。第三,理查德·利利克在研究涉及死囚区现象的外国和国际判例法的基础上,要求法院在判决时尽可能做到规范且一致。Richard B. Lillich, *Harmonizing Human Rights Law Nationally and Internationally*: The Death Row Phnomenon as a Case Study, 40 ST. Louis U. L. J. 699(1996).

〔93〕 除欧洲人权法院外,联合国人权委员会与跨美国人权委员会也在积极参与对话。见 Laurnce R. Helfer, *Overlegalizing Human Rights*: International Relations Theory and the Commonwealth Caribbean Backlash Against Human Rights Reimes, 102 Colum. L. REV. 1832, 1868-82(2002)(联合国人权委员会与跨美国人权委员会关于如何对待来自加勒比国家死囚区居民的决定);另见 SCHABAS,前注 92,第 127—136、236—238 页(论不同国际人权法庭如何对待死囚区现象)。国际法庭是关于死刑司法对话不可或缺的一部分,虽然本书重点讨论国内法院在对话中扮演的角色,但国际法庭的相关决定也会在本书中予以介绍。

〔94〕 见立陶宛宪法法院的裁定,第 109—3004 页(1998 年 12 月 9 日)(简称为"立陶宛宪法法院的死刑裁定"),英译文本见 http://www.venice.coe.int/docs/1999/CDL(1999)013rev-e.asp; State v. Makwanyane, 1995(3)SALR 391(CC)(南非法院)。

〔95〕 见 United States v. Burns,[2001] 1 S. C. R. 283(加拿大法院); Kindler v. Canada,[1991] 2 S. C. R. 779(加拿大); Short/Netherlands, HR 30 maart 1990, NJ 249(ann. AHJS)(荷兰法院)(判决荷兰法院不可将美国士兵引渡至美国使其被判处死刑),节选译文见 29 I. L. M. 1388(1990)。对前两个加拿大判例的详细论述见后注 150—166 及对应正文。

〔96〕 见 Pratt v. Attorney-General for Jamaica,[1994] 2 A. C. 1(P. C. 1993)(自牙买加法院上诉)。英国枢密院在前加勒比联邦国家于

第三章
关于死刑的跨国司法对话

裁定死刑案件时发挥的作用将在第五章进行详细论述。英国枢密院的作用,另见 Carozza,前注 92,第 1074—1077 页;Helfer,前注 93,第 1865—1867 页。

〔97〕 见 Burns,[2001] I S. C. R. 283(将嫌疑犯引渡至其他国家使其面临死刑判决这一行为违反加拿大宪章中关于生命权的保障);《关于死刑合宪性的裁决》,Fletorja Zyrtare 33,1301(1999 年 12 月 12 日)(简称为"阿尔巴尼亚宪法法庭死刑裁决"),译文见 http://codices, coe,int(Doc. No. Alb-1999-3-008)〔依据阿尔巴尼亚宪法规定,"禁止对生命权进行限制(包括判决死刑),因为这一限制违反甚至消除了生命的本质"〕;奥克玛尼比罗塞格〔宪法法院〕,Dec. No. 23/1990(X. 31) AB (1990 年 10 月 24 日)(匈牙利法院),译文见 I E. Eur. Case Rep. Const. L. 177(1994)(简称为"匈牙利宪法法庭死刑裁决")(判决死刑违反匈牙利宪法对于"人固有之生命权与人格尊严"的保障)。

〔98〕 见 Pratt,[1994] 2 A. C. 33(延期执行是"可怕的")。对于死囚区现象的残酷性与非人道性的案例分析见第三章第一部分第 1 点。另见 SCHABAS,前注 92,第 127—136、236—238 页(关于死囚区现象的判例法)。

〔99〕 见 Mohamed v. President of the RSA,2001(7)BCLR 685(南非法院)(南非宪法保障生命权,不得以残酷、不人道或有辱人格的方式对待或惩罚任何人;因此,将嫌疑犯引渡至美国使其面临死刑判决违反南非宪法规定);Kindler,[1991] 2 S. C. R. 857(认定加拿大宪章允许将嫌疑犯引渡至美国使其面临死刑判决);另见 Venezia v. Ministero Di Grazia E Giustizia,Corte cost.〔宪法法院〕,1996 年 6 月 27 日,脚注 223, 79 Rivista di DrittoInternazionale 815(1996)(意大利)(意大利宪法绝对禁止死刑,同时禁止将死刑犯引渡至美国的行为),案例摘要见 91 AM. J. INT' L L. 727(1997)。

〔100〕 南非宪法法院在其最早的判决中极其细致地讨论了世界上 12 个法院的死刑判决,包括印度法院、美国法院、匈牙利法院、联合

规范协调与角色选择

跨国司法对话在制定与施行国际法中的作用

国人权委员会、博茨瓦纳法院以及香港法院。见 State v. Makwanyane, 1995(3) SALR 391 passim (CC)(南非法院)。另见后注 315 及对应正文,马克温雅恩案已经成为死刑相关判决中被最经常及广泛引用的判决之一。

〔101〕 见 Carozza,前注 92,第 1077—1080 页(关于死刑的跨国规范网络体系和法院参与这一网络体系的动机); *Developments in International Criminal Law*,前注 23(就死刑问题的"跨国司法对话"已经在世界范围内发展起来)。正如笔者在下文所述(见后注 133 与对应正文),愿意就死刑问题进行"跨国司法对话"的司法机构并不局限于反对适用死刑的法院。

〔102〕 见 S. AFR. CONST. ch. 2, § 12, para. 1(承认个人享有"自由权与人身安全权,不得以残忍、不人道或有辱人格的方式对待任何人"); Universal Declaration of Human Rights, G. A. Res. 217(III)(A), U. N. GAOR,3d Sess. , Supp. No. 127 at 71, 73, U. N. Doc. A/810 (1948)("不得虐待任何人,且不得以残忍、不人道或者有辱人格的方式对待或惩罚任何人"); International Covenant on Civil and Political Rights, Dec. 16,1966,art. 7,999 U. N. T. S. 171〔简称为"ICCPR"〕("不得虐待任何人,且不得以残忍、不人道或者有辱人格的方式对待或惩罚任何人")。除禁止残忍或不人道的惩罚方式外,法院同时考量了死刑是否违反"生命权"(见后注 132)或人格尊严。见 Makwanyane,1995(3) SALR 391,第 57—61 段(考量人格尊严权以判断死刑是否违宪); *Hungarian Constitutional Court Ruling on the Death Penalty*, I E. Eur. Case Rep. Const. L. ,第 182 页(判决人格权与人格尊严为密不可分的绝对权利,且国家权力受其制约)。

虽然《公民权利与政治权利国际公约》(ICCPR)中有关"生命权"的条文明确承认一些签字国依然适用死刑,但公约同时对这类国家提出了以下要求:"只能对最严重的犯罪适用死刑⋯⋯且不得违反现有公约的条款。"ICCPR,前注,第 6 条,第 2 段。美国及其他签字国对 ICCPR

第三章
关于死刑的跨国司法对话

的相关条款行使了保留权,即保留本国适用死刑的权利。见 Executive Session:International Covenant on Civil and Political Rights, 138 CONG. REC. S4781,S4783(1992年3月26日修订)(列举美国对 ICCPR 条款的保留,"根据美国宪法规定,保留美国对任何人适用死刑的权利")。

〔103〕 禁止适用残忍或不人道的刑罚已经成为国际习惯法规范,见 SCHABAS,前注92,第5页脚注18。但各国在援引这条规范时在表达方式方面进行了细微的更改。举例来说,美国称其为"残忍且不常见的刑罚"(见美国宪法第八修正案);《欧洲人权公约》称其为"不人道或有辱人格的对待方式或惩罚方式";《欧洲人权公约》,前注87,第3条。在就此问题进行比较分析的时候,法院认为这些概念可以互相替代。见 Reyes v. The Queen,[2002] 2 A. C. 235,第30段(P. C.)(自伯利兹城法院上诉)("虽然加拿大宪章、特立尼达和多巴哥宪法中提及的'残忍且不常见的对待或处罚方式',美国宪法第八修正案中提及的'残忍且不常见的处罚方式',与《欧洲公约》中提及的'不人道或有辱人格的对待方式或惩罚方式'有语义上的差别,但这些表达方式的主旨显然是相同的,并且其含义也是十分类似的。");另见 SCHABAS,前注92,第5页(法院经常交替使用这些概念)。为便于理解,本书仅将此规范称为"残忍或不人道的惩罚方式"。

〔104〕 威廉·沙巴斯在其著作中详尽解释了残忍或不人道的惩罚方式是如何发展为死刑判决的。见 SCHABAS,前注92,第13—56页。

〔105〕 很多早期案件对"死囚区现象"是否构成残忍或不人道的惩罚方式这一问题进行了讨论。见 SCHABAS,前注92,第105—111页(二十世纪四十年代至七十年代,世界各地的法院普遍认为死囚区现象不构成残忍或不人道的处罚方式)。加利福尼亚最高法院在1972年驳回了死刑判决,原因之一就是死囚区现象构成残忍且不常见的处罚方式。见 People v. Anderson,493 P. 2d 880,894(1972年加利福尼亚)("死刑的残酷性不仅体现在处决本身及其带来的痛苦上,同时反映在处决

规范协调与角色选择
跨国司法对话在制定与施行国际法中的作用

犯人前必须对其进行长时间关押以完成司法和行政程序上,而这一过程是有辱人格的。"),cert. denied,406 U. S. 958(1972)。然而,加利福尼亚州宪法随后否定了此判决的可适用性,规定适用死刑不与"在一般情况下禁止残忍且不常见的处罚方式"这一规定相悖。见 CAL. CONST. art. I,§ 27。

〔106〕 沙巴斯详尽解释了"死囚区现象"以及各国法院在二十世纪四十年代或五十年代至九十年代中期是如何在判决中处理这一问题的。见 SCHABAS,前注 92,第 96—156 页。

〔107〕 见前注 14(布雷耶大法官与托马斯大法官关于死囚区现象的辩论)。

〔108〕 161 Eur. Ct. H. R. (ser. A)(1989).

〔109〕 同上,第 111 段("在这种极端情况下申请人需要长时间身处死囚区,其等待执行死刑的痛苦也会与日俱增;除此之外,考虑到申请人的个人情况,尤其是犯罪时的年龄与精神状态,将其引渡至美国很有可能过于残忍及不人道,因此违反第三条之规定。")。《欧洲人权公约》第三条规定:"不得虐待任何人,也不得对其施加不人道或有辱人格的刑罚。"前注 87,第三条。

由于欧洲法庭默认自身无权宣称死刑构成残忍或不人道的惩罚方式,抑或死刑违反生命权,因此在实践中更有可能支持"死囚区现象构成残忍或不人道的惩罚方式"。在这种情况下,颁布国际特赦的目的之一即在于说服法院将死刑本身视为残忍或不人道的惩罚方式以推动西欧标准的发展。同上,第 101 段。然而,法院拒绝采用这种更为激进的立场,并借由《欧洲人权公约》第一章第二条(见前注 87)明确承认公约对生命权的保护不影响死刑的适用。见 161 Eur. Ct. H. R. (ser. A),第 101 段。虽然欧洲成员国均废除了死刑,但 1983 年缔结的任意议定书表明成员国有意达成协议以修改公约,恢复适用死刑。同上,第 102—103 段。在这一点上,法院认为通过司法程序修订公约是不合适的。同上,第 103 段。

第三章
关于死刑的跨国司法对话

梅耶尔法官在并存意见书中主张法庭应当认定"引渡嫌疑人以使其面临死刑判决"的行为侵犯了生命权。同上,第129段(梅耶尔法官,并存意见书)。就此,他引用了一些欧洲与国际协定,并且参考了欧洲国家相关实践,最终证明公约第二条(认可适用死刑)"不符合当代情况以及法律理论与实践的发展"。同上。

〔110〕 见161 Eur. Ct. H. R. (ser. A),第89段("要判断某种对待方式或惩罚方式是否是'不人道或有辱人格的',需要参考全部案件情况……《欧洲人权公约》的本质是要在社会利益与保护基本人权间达成平衡")。

〔111〕 同上。

〔112〕 同上,第56、61—68、107—109段。法庭认为"设定死刑执行等待期间在很大程度上是有利于在押人的,因为他们可以通过各种方式行使上诉权"(同上,第106段),但这与"死囚区现象是否构成残忍或不人道的惩罚方式"无关,因为"出于本能,人会充分利用各种保障措施以争取活着。无论弗吉尼亚州复杂的判决后程序是如何出于好意甚至是有益的,受到谴责的囚犯都必须在死囚区度过几年时间,承受死亡所带来的痛苦和压力"。同上。

〔113〕 同上,第108、110、111段。

〔114〕 同上,第111段。索林案具有至关重要的意义。对此,威廉·沙巴斯评论道:"欧洲法庭对索林案的判决使人们意识到'死囚区现象'与人权的联系。"SCHABAS,前注92,第115页。除国内司法机构外(见后注115—132及对应正文),联合国人权委员会作为监管ICCPR执行情况的机构也在1993年判决意见中讨论了索林案的判决(不予适用),认为死囚区现象不构成ICCPR第七条所规定的残忍、不人道或有辱人格的对待方式。见Kindler v. Canada,Communication No. 470/1991,U. N. GAOR Human Rights Comm. ,48th Sess. ,Supp. No. 40,Annex XII,第151页,U. N. Doc. A/48/40(1993年7月30日)("欧洲法庭判决的有关重要案件事实与本案重要事实有本质不同"),见14 HUM. RTS. L.

规范协调与角色选择

跨国司法对话在制定与施行国际法中的作用

J. 307,314 para. 15. 3(1993)。人权委员会在1992年的案件中再次讨论了这一问题,委员会成员克莉丝汀·查耐特(Christine Chanet)根据索林案的判决提出了自己的反对意见,主张死囚区现象的确构成了第七条所称的"残忍或非人道的惩罚方式"。Barrett & Sutcliffe v. Jamaica, Communication Nos. 270/1988 & 271/1988, U. N. GAOR Human Rights Comm. ,47th Sess. ,Supp. No. 40,第252页,U. N. Doc. A/47/40(1992年4月6日)(简称为"贝瑞特与萨克里夫案")(查耐特反对意见书)。

欧洲人权法院对索林案的判决同样在美国引起了强烈的反响。上议院要求美国在批准《反虐待公约》(the Convention Against Torture)及《公民权利与政治权利国际公约》时行使所谓的"索林保留权",即保留将"死囚区现象"排除在"残忍或不人道的惩罚方式"之外的权利。关于保留条款及相关"理解"的讨论,见 SCHABAS,前注92,第115—116页;William A. Schabas, *Invalid Reservations to the International Covenant on Civil and Political Rights: Is the United States Still a Party?*, 21 BROOK J. INT'L L. 277, 280-83(1995)。联合国人权委员会宣布美国对 ICCPR 的保留态度是非法的。见 SCHABAS,前注92,第116页。

[115] Catholic Comm'n for Justice & Peace in Zimbabwe v. Attorney Gen. ,[1993] 1 Z. L. R. 239,见 14 HUM. RTS. L. J. 323(1993)[简称为"天主教委员会案"]。津巴布韦宪法第十五条第一款禁止"虐待、不人道或有辱人格的惩罚方式,或类似的对待方式",这条规定衍生自《欧洲人权公约》第三条的内容。在考虑这条规定是否适用于死囚区现象时,首席法官顾拜强调:"第十五条第一款反映出广泛意义上的人格尊严及人道主义……更好地保护人格尊严是社会走向成熟的标志,因此任何与此相悖的惩罚方式或对待方式都是不可取的。同样,在过去算不上非人道的行为或许会有违当今文明的发展。"天主教委员会案,见前注,第325页。在决定某种对待方式是否为非人道或有辱人格时,法院认为应当同时考虑到"当今文明国际社会的价值共识""津巴布韦的现行规定"及"其人民的想法"。同上。

第三章
关于死刑的跨国司法对话

〔116〕 天主教委员会案,前注115,第325页。

〔117〕 同上,第332页。津巴布韦法院大段引用了索林案的判决,其中包括欧洲法院考虑的相关因素。但是,在总结索林案判决时,津巴布韦法院仅将目光聚焦于一个点,即死囚区现象是一种残忍且不人道的惩罚方式。法庭评论道:"欧洲法院一致认为索林在弗吉尼亚州法院极有可能被判处死刑,在这种情况下将其移送违反《欧洲人权公约》第三条之规定。在作出这一裁决时,本法院已经评估了弗吉尼亚州死囚区的使用条件。"同上。

〔118〕 同上,第331—332页〔讨论并否定对瑞丽诉牙买加检察长案(Riley v. Attorney-General for Jamaica)的判决,[1983] 1 A. C. 719 (P. C.)(上诉自牙买加法院)〕。在瑞丽案中,枢密院否认死囚区现象违反牙买加宪法第十七条,构成"不人道或有辱人格的对待方式或惩罚方式"(本条起源于《欧洲人权公约》第三条之规定)。见瑞丽案,[1983] A. C.,第719页。

同样,津巴布韦最高法院也并不认同加拿大最高法院对金德勒诉加拿大案〔Kindler v. Canada,[1991] 2 S. C. R. 779(加拿大)〕的判决理由。见后注150—157及对应原文(对金德勒案意见的讨论)。除了索林案判决外,津巴布韦法院着重参考了克莉丝汀·查奈特在贝瑞特与萨克里夫案中的反对意见,见前注114。由于美国的一些相关判例法否定了加利福尼亚州最高法院与马萨诸塞州最高法院认定死囚区现象致使死刑判决构成残忍且不常见的惩罚方式的判决,津巴布韦对这些判例进行了研究,并在总结中称加利福尼亚州和马萨诸塞州最高法院的判决对其更有说服力。天主教委员会案,前注115,第330段〔相关讨论详见 People v. Anderson, 493 P. 2d. 880(加利福尼亚州,1972 年), Dist. Attorney for Suffolk v. Watson, 411 N. E. 2d 1274(马萨诸塞州,1980)〕。

津巴布韦法院支持"死囚区现象构成残忍且不人道的惩罚方式"的另一依据则是"关于死囚区现象的重要司法与学术共识"。天主教委员

规范协调与角色选择
跨国司法对话在制定与施行国际法中的作用

会案,前注115,第336段。在笔者看来这一结论有失公允,因为法院对相关外国判例法的比较分析显示了世界范围内对这一问题的司法意见仍有很大分歧。

在天主教委员会案结案的几个月后,津巴布韦立法机构通过了一项宪法修正案以颠覆这一判决。根据这项修正案,延期执行死刑不构成残忍且不人道的惩罚方式,因此不违反相关宪法规定。津巴布韦宪法(第十三修正案),沙巴斯对此进行了论述,见前注92,第120页。

〔119〕 Pratt v. Attorney-General for Jamaica,〔1994〕2 A.C.1 (P.C.1993)(自牙买加法院上诉)。在普拉特案中,上诉者由于已经在死囚区待了超过十四年,因此主张如此长时间的延期执行违反牙买加宪法第十七条第一款之规定,即"不得虐待,或以不人道、有辱人格的方式对待或惩罚任何人"。对此,枢密院表示赞同,并且指出:"对已被拘禁数年的犯人实施绞刑是不能令人接受的,原因就在于这种行为非常不人道;令一个人在相当长一段时间内每天都面临即将被处决的痛苦是不人道的。"〔1994〕2 A.C.,第29页。

〔120〕 在枢密院看来,这一原则并不适用于逃狱或进行无意义上诉以致延期执行的人。"被告人进行无意义且浪费时间的上诉属于滥用程序的范畴",如果这是唯一推迟执行死刑的原因,则延期执行不违背宪法规定。〔1994〕2 A.C.,第29—30页。在这种情况下,"允许通过延期执行来获利就是允许利用不合法的方式逃脱惩罚,而惩罚的目的正是保护社会公共利益不受到犯罪的侵害"。同上,第30页。如果因为"被告人诉诸所有合法的程序而导致延期执行",那么我们就应该运用不同的规则。同上。

在实际中,法院如何判断已被判处死刑的被告人的上诉行为是"合法"行使权利还是"无意义"地滥用程序则有待商榷。

〔121〕 同上,第33页。

〔122〕 见SCHABAS,前注92,第123页(枢密院评论道,"〔索林案〕的判决中声称延长在死囚区扣押时间是不可接受的,但却对该案中

第三章
关于死刑的跨国司法对话

可减轻罪责的因素只字不提");沙巴斯对此仍持乐观态度,他认为普拉特案强化了索林案的影响,因为前者"阐述了'减轻罪责的因素',以此证明索林案并不只是在特定案件事实基础上作出的独立判决"。同上,第124页。然而,在笔者看来,是否应鼓励法官在比较法中提炼法律原则,此事有待商榷。见后注130—132及对应正文(后续判例法对索林案中法律原则的提炼)。

在服从于枢密院司法权的加勒比地区前联邦国家中,枢密院对普拉特案件的判决及其随后对死刑判决的态度饱受争议。相关讨论见后注335—346及对应正文。

[123] 因此,欧洲人权法院在索林案中拒绝实施的措施正在被这些法院所采纳。见后注131。

[124] Reyes v. The Queen,[2002] 2 A. C. 235(P. C.)(自伯利兹城法院上诉)。根据伯利兹城宪法第四条第一款对于生命权的规定,判处死刑并不违反该宪法对于生命权的保障。枢密院在雷斯案中的态度与欧洲法院在索林案中所持态度大抵相同,认为"伯利兹城宪法明确认可适用死刑,该宪法不考虑判决或执行死刑本身是否不人道或有辱人格"。同上,第29段。对于伯利兹城法院第七条对强制死刑的规定,即"不得折磨,或以不人道、有辱人格的方式对待或惩罚任何人",枢密院对此条款的有效性进行了进一步考量。同上,第7、29—47段。法院拒绝对"是否强制适用死刑违背生命权"这一问题发表意见。同上,第48段。

[125] 同上,第17—24(国际及地区人权法令)、34—42段(外国判例法)。枢密院依据外国判例法作出判决的理由如下:"法院通过参照各国判例,可以选择更佳的方式解释宪法。"同上,第26段[引用 Trop v. Dulles,356 U. S. 86(1958)]。法院引用了东加勒比上诉法院关于强制死刑是否与禁止非人道惩罚方式相冲突这一问题的意见:

> 如果说每个国家的环境大相径庭,因此,我们不能采纳其

规范协调与角色选择
跨国司法对话在制定与施行国际法中的作用

他人类司法系统中所采用的标准,那么这个想法就是非常危险及不合理的;对于"残忍或不人道惩罚方式"的规定使得每个国家都有义务去遵守某一特定标准,这个标准不可降低且能为各国普遍认可。我们应当充分考量世界范围内所有法院的经验及智慧。

Reyes,[2002] 2 A. C. 235,第 33 段[Spence v. the Queen(刑事上诉,第 20 号,1998 年)与 Hughesv. the Queen(刑事上诉,第 14 号,1997 年)共同上诉判决书,第 215 段(东加勒比上诉法院,2001 年)(自圣文森特和格林纳丁斯法院与圣卢西亚法院上诉)(桑德斯,联合法官,并存意见书)]。

枢密院着重强调了在宪法解释领域,欧洲范式对伯利兹城与欧洲前殖民地的影响;例如,这些国家宪法中的人权条款均是参照《欧洲人权公约》制定的。同上,第 23、28 段。

〔126〕 *Reyes*,[2002] 2 A. C. 235,第 43 段。

〔127〕 State v. Makwanyane,1995(3)SALR 391(CC)(南非)。南非宪法法院面对的情况与索林案及雷耶斯案完全不同。不同于《欧洲人权公约》或伯利兹城宪法,南非临时宪法中保障生命权的条款并未明示允许适用死刑。见 SCHABAS,前注 92,第 203 页。韦特沃特斯兰德(Witwatersrand)总检察长认为,既然宪法在这一问题上保持沉默,那么就应将其交由南非议会裁决。*Makwanyane*,1995(3)SALR 391,第 10 段。查斯卡尔森(Chaskalson)大法官在法庭主要意见中驳回了总检察长的诉求,并指出南非政府已经在交给法院的简要意见书中明确表示了临时宪法的起草者的意图,即由宪法法院判断适用死刑是否符合本宪法规定。同上,第 25 段。

〔128〕 法院考虑了加拿大法院、欧洲人权法院、德国法院、匈牙利法院、印度法院、纳米比亚法院、英国枢密院、坦桑尼亚法院、美国法院、津巴布韦法院以及联合国人权委员会的相关判决,也充分考量了各种超国家或国际条约。*Makwanyane*,1995(3)SALR 391.

第三章
关于死刑的跨国司法对话

〔129〕 同上,第95段("我国宪法第九条绝对保护生命权,第十条保护人生而为人的尊严,而执行死刑则是对生命及尊严的摧毁。法院可以任意选择是否执行死刑,这一决定是不可补救的。")。对于死刑是否违反南非宪法第九条对于生命权的保护这一问题,尽管多数法官支持上述解释,但并不能达成统一意见。同上。

〔130〕 如我们所见,法院在提炼索林案法律原则的同时,也在扩展其适用范围,这可以体现在两个方面。第一,法院倾向于忽略索林案判决的其他依据,只关注有关死囚区现象的评论。见 *Pratt*,〔1994〕2 A. C. 1;United States v. Burns,〔2001〕1 S. C. R. 283(加拿大)。与枢密院在普拉特案中的态度类似,加拿大最高院在审理伯恩斯案时也仅关注了索林案中对于死囚区现象的分析。同上,第199段。另外,虽然索林案重点关注死囚区的现实条件,此后分析死囚区现象的法院却大大降低了对这一方面的关注度,转而着重分析延期执行本身及其带来的精神痛苦,由此判断是否构成残忍或不人道的惩罚方式。见前注119—122及对应正文。

第二,即使更为直接地将索林案视为先例,法院也将其作为推导出死刑构成残忍或不人道惩罚方式的依据,虽然法院在判决索尔案时明确拒绝解决这一问题(事实上,法院认为根据欧洲公约,自己无权判定死刑的有效性)。见 *Reyes*,〔2002〕2 A. C. 235,第42段;*Makwanyane*,1995(3)SALR 391;另见前注109(法庭在索林案中避免解答此问题)。

〔131〕 在下文要讨论的几个案例中,法院同样依据索林案判决死刑违反宪法对生命权的保障,扩展了索林案的适用范围。见 *Burns*,〔2001〕1 S. C. R. 283,第351页;另见后注158—166及对应正文(对伯恩斯案的讨论)。

〔132〕 随着关于死刑的司法对话逐渐发展成熟,各国法院逐渐采纳了另一个国际范例作为判决依据,即生命权。在早期的判例中,一些并存意见或反对意见已经表示与"残忍或不人道惩罚方式框架"相比,用是否符合生命权保护的标准能够更好地评估死刑的合法性。见 Soer-

规范协调与角色选择
跨国司法对话在制定与施行国际法中的作用

ing v. United Kingdom, 161 Eur. Ct. H. R. , (ser. A), 129 (1989) (梅耶尔法官,并存意见);*Makwanyane*, 1995(3) SALR 391,第 318—344 段(奥瑞根法官,并存意见)。

在更为近期的案例中,法官则趋向于将生命权视为主导性标准框架以评估死刑。见 *Burns*, [2001] 1 S. C. R. 283,第 49—50 段(死刑的残酷性与不人道性是法院判决其违反加拿大宪章中生命权保护条款时要考虑的因素之一,但是法院拒绝认定死刑可能违反宪章中禁止残酷或不人道惩罚方式的规定);乌克兰宪法法院判决,Ophitsiynyi Visnyk Ukrayiny[官方公告] No. 11-rp99 4/2000(1999 年 12 月 29 日)[简称为"乌克兰宪法法院关于死刑的裁决"],译文见 http://codices.coe.int (Doc. No. UKR-2000-1-003);阿尔巴尼亚宪法法院关于死刑的裁决,前注 97(判决死刑违反宪法对生命权的保障);立陶宛宪法法院关于死刑的裁决,前注 94(死刑是否违反生命权——法院只简单地讨论了残酷或不人道惩罚方式这一个点);另见 Carozza,前注 92,第 1066—1069 页(阿尔巴尼亚与乌克兰的判决,威尼斯委员会对上述判决中所采纳的"生命权框架"的影响)。说到生命权,相关法律条文在各自表达方式上的差异令各种比较分析变得十分必要。多数国家宪法及国际人权文件认为对生命权的保护是有条件的,即"明确表示保护生命权的前提是遵守法律规定,甚至以明示或默示的方式认为也应当遵守有关死刑的规定"。Carozza,前注 92,第 1057 页(提及南非宪法);另见伯利兹城宪法第四条第一款(明确承认适用死刑是宪法保障生命权的例外情况);美国宪法第五修正案("若未经适当的法律程序,不得剥夺任何人的生命");ICCPR,前注 102,第六条(明确承认适用死刑是保护生命权的例外情况,虽然在适用死刑时要遵守特定限制)。其他国家宪法则承认"无条件"的生命权,并且在讨论是否能在死刑问题上适用生命权理论时保持沉默,例如立陶宛宪法第五段("个人的生命权受法律保护")。在对于生命权的讨论上,各国在对外国或国际法的态度上,乃至是否愿意参与跨国对话以寻求对这一规范的合理解释上均存在很大的差异。

第三章
关于死刑的跨国司法对话

对比来说,法庭在采纳"残酷或不人道惩罚方式框架"时更倾向于达成一致意见。

〔133〕 例如,尼日利亚最高法院在支持死刑合宪性的意见中考量了外国法院判决。见 Kalu v. State,[1988] 12 S. C. N. J. I(尼日利亚)。虽然不同国家在案例法体系中依据生命权保护条款拒绝执行死刑,但这些条款在文本上有所差异,因此,法院着重分析了这一问题。从结果来看,在类似尼日利亚这种支持无条件的生命权条款的国家中(例如美国、坦桑尼亚、印度),法院均认定死刑并不构成对生命权保护的违反;相反,那些认定死刑违反生命权保护的法院均采纳了有条件的生命权保护条款(例如南非和匈牙利宪法法院),因此与对尼日利亚有条件的生命权条款的解释无关。根据以上对外国判例法的理解,尼日利亚法院得出下述结论:外国判例法中并无证据支持死刑违反尼日利亚有条件的生命权保护条款。同上,第 32—37 页,对其论述可见 Carozza,前注 92,第 1062—1063 页。

美国第八巡回法院的理查德·阿诺德(Richard Arnold)法官采取了另一种类似的方式,在判定"死囚区现象"不违反第八修正案之前详尽参考了外国判决,并一一予以否定。见 Chambers v. Bowersox,157 F. 3d 560,570(第八巡回法院,1998 年)。他认为,法院应当考虑外国判例法对于死囚区现象的态度,"因为这些外国法院在本国的法律体系下接受了这种主张,我们应当对他们的决定表示尊重"。157 F. 3d,第 570 页。坦桑尼亚和印度法院同样进行了比较分析。见 Mbushuu v. Republic,[1995] T. L. R. 97(坦桑尼亚)(论支持死刑合宪性的外国和国际法律渊源以及得出相反结论的外国先例)。对其论述见 Carozza,前注 92,第 1046—1050 页。

〔134〕 在保罗·卡洛察看来,鉴于各国法院间关于"死刑合法性的司法对话的跨国性和普遍性,以及全球体系、地方法律与政治体系间的多样性",这种对话已经发展为一种当今的"共同法"(ius commune)或者"跨国规范体系"(transnational normative)。Carozza,前注 92,第

规范协调与角色选择
跨国司法对话在制定与施行国际法中的作用

1077页。

〔135〕 例如,南非宪法第二章第三十九条第一款b项(法院在解释南非人权法案时应当"考虑国际法");同上,第十四章第二百三十三条(法院应当尽可能解释国内法,使其与国际法规定保持一致)。安妮-玛丽·思朗特评论道,根据南非宪法传达出的"明确信息","作为由于种族隔离制度在数年来被孤立的国家,南非渴望成为全球法律共同体中的一员,因此会尽可能使其宪法规定符合其他先进的自由民主法律体系"。SLAUGHTER, A NEW WORLD ORDER,前注22,第73—74页。另外,很多新兴东部民主国家将国际法纳入了国内法律系统,授权国内法院确保国内法与国际规范内容不相冲突。见 Vladlen S. Vereschetin, *New Constitutions and the Problem of the Relationship Between International Law and National Law*, 7 EUR. J. INT'L L. 29, 40-41(1996)。

〔136〕 在这一点上,思朗特强调"对于南非宪法法院来说,参与全球司法对话已经成为其合法性的标志"。SLAUGHTER, A NEW WORLD ORDER,前注22,第74页;另见 *Developments in International Criminal Law*,前注23,第2061—2062页(一些国内法院参与跨国司法对话的动机是增强其对国际对话的影响力)。卡伦·奥特认为,欧洲国内法院之所以与欧洲法院进行对话,是为了攫取权力、提高声望。见 KAREN ALTER, ESTABLISHING THE SUPREMACY OF EUROPEAN LAW: THE MAKING OF AN INTERNATIONAL RULE OF LAW IN EUROPE(2001)。

〔137〕 例如,坦桑尼亚的一名初审法官在宣告死刑违宪时很大程度上依据了外国法与国际法的规定。他强调道:"正如津巴布韦大法官所指出的:'当司法判决符合被广为接受的国际范式而不仅仅依据某一法官或法院的小范围实践或倾向时,它将具备更强的合法性,也会为更多人所尊重。'" Republic v. Mbushuu, [1994] T. L. R. 146, 151(坦桑尼亚高院)(瓦卢桑亚法官)(引用津巴布韦最高法院顾拜大法官的判决)。然而,坦桑尼亚宪法法院随后推翻了瓦卢桑亚法官的判决,判定适用死刑不违反坦桑尼亚宪法的规定。见 Mbushuu v. Republic, [1995]

第三章
关于死刑的跨国司法对话

T. L. R.,第118页。

根据外国法或国际法来"支持"国内不流行的司法意见以废除死刑极有可能是前东区国家宪法法院作出近期判决的原因。例如:乌克兰宪法法院关于死刑的裁定,前注132;阿尔巴尼亚宪法法院关于死刑的裁定,前注97;立陶宛宪法法院关于死刑的裁定,前注94。

〔138〕 约瑟夫·维勒主张是类似"司法授权"一类的机制促使欧洲国内法院与欧洲法院进行对话,希望借此机会审查国内法律,使其与欧洲法保持一致。J. H. H. Weiler, *The Transformation of Europe*, 100 YALE L. J. 2403,2426(1991)。

〔139〕 例如:乌克兰宪法法院关于死刑的裁定,前注132;阿尔巴尼亚宪法法院关于死刑的裁定,前注97;立陶宛宪法法院关于死刑的裁定,前注94;另见 State v. Makwanyane,1995(3)SALR 391(CC)(南非)。

〔140〕 例如,匈牙利宪法法院在成立后一年内于1990年10月承认了死刑的合宪性。见 Endre Babus, *The Superego of the Transformation*, 40 HUNGARIAN Q. 153(1999)。在宣告死刑无效时,匈牙利宪法法院的主席拉斯洛·索尔尤姆(Laszlo Solyom)法官认为应当考虑关于死刑的国外法及国际法,理由如下:第一,鉴于国内法官的特殊文化背景,其在判决中带有主观性是不可避免的,而参照国外法或国际法则可以平衡这种主观性。第二,鉴于匈牙利在历史上采取一种"无限制的政治体系,即为达成政治目标可以牺牲人的生命",外国法及国际法可以提供一种相对客观的方式供法院采纳。见匈牙利宪法法院关于死刑的裁定,前注97,第185、189页,对其论述可见 Carozza,前注92,第1064—1065页。

弗雷德里克·肖尔却指出了对于殖民地或共产主义国家的宪法法院来说,采纳这种方式的风险。见 Frederick Schauer, *The Politics and Incentives of Legal Transplantation*, in GLOBAL GOVERNANCE IN A GLOBALIZING 256(Joseph S. Nye,Jr. & John D. Donahue eds. ,2000)。在他看来,对于这些国家的宪法法院来说,更为重要的是发展出本土的人权保

规范协调与角色选择
跨国司法对话在制定与施行国际法中的作用

护机制,而照搬外国宪法法院的判决则会带来政治上的冲突。同上,第257页。

〔141〕 见 Carozza,前注 92,第 1079—1081 页("人格尊严原则的普遍性"促使法院参与关于死刑的对话)。见 Christopher McCrudden, *A Common Law of Human Rights?: Transnational Judicial Conversations on Constitutional Rights*, 20 OXFORD J. LEGAL STUD. 499, 516-529(2000)。麦克格鲁登论述了国内法院依据外国法进行国内人权判决的几个原因,包括法官认为"这是由不同司法系统的法官达成的一致计划"。同上,第527页。

然而,正如思朗特指出的:"意识到这种计划的存在不一定会使不同国家的法官在各自法律系统下得出相同的结论。反之,虽然这种法律原则可能激发法院的自主性,促使其与同样遵守这一原则的其他国家法院达成一致,但这一原则同样可能对法院施加强有力的国家与文化限制。" Slaughter, *Typology*, 前注 17, 第 128 页。

〔142〕 例如,*Mbushuu*,〔1995〕T. L. R. 97,对其论述见 Carozza,前注 92,第 1054—1055 页。

〔143〕 见第五章第二部分(最近美国最高法院关于在解释宪法条文时是否应参照外国法及国际法的争论)。

〔144〕 在本书的第五章,笔者提出无论是美国法院还是外国法院都应当严肃对待一个问题,即尤其在解释国内宪法时,参与跨国司法对话是否是合法的,以及应当在什么情况下参与对话。

〔145〕 例如,在威尼斯委员会认定死刑违反乌克兰宪法的意见中,委员会强调在解释乌克兰宪法时应当考虑国际法律义务,"因为国内法律与国际法律是相互渗透的,并且合宪性审查与合条约审查之间的重叠已经发展为一种趋势"。威尼斯委员会,《关于乌克兰死刑合宪性的意见》,第三部分(1998 年 4 月 17 日)〔简称为"威尼斯委员会关于乌克兰死刑的意见"〕,见 http://www.venice.coe.int/docs/1998/CDL-INF(1998)001rev-e.asp。本文第三章第三部分论述了威尼斯委员会在

第三章
关于死刑的跨国司法对话

中欧及东欧有关死刑的争论中起到的作用。

〔146〕 Slaughter, *Typology*, 前注17,第125—129页("共同司法特征与方法论"对促进跨司法对话的重要性)。

〔147〕 SLAUGHTER, A NEW WORLD ORDER, 前注22,第68页("法官们达成的最重要的共识就是认可对方是共同司法计划的参与者。在他们看来,对方不仅仅是某一特定政府及政体的服务者或代表人,更是同人,他们所从事的事业是不分国界的……他们认为自己可以在国际或国内领域中独立采取行动。")。

〔148〕 重申一下,美国法院是这一普遍趋势的例外。见SCHABAS,前注92,第10页。

〔149〕 例如,枢密院在其2002年作出的雷耶斯案判决中明确表示在评估死刑的合宪性时,公众意见与立法者意见均不一定是至高无上的。见 Reyes v. The Queen,[2002]2 A. C. 235,第26段(枢密院)(自伯利兹城法院上诉)("在解释宪法时,法院不评估或执行公众意见……")。在表达这种观点时,枢密院大段引用了南非宪法法院在马克温雅恩案中的判决。同上。

〔150〕 [1991]2 S. C. R. 779(加拿大)。

〔151〕 除了对特定军事犯罪外,加拿大已经于1976年废除了死刑。同上,第851—852页。

〔152〕 同上,第846—857页。

〔153〕 在金德勒案中,法庭也采取了狭义上的加拿大宪章中人权保护条款的境外适用及对非公民的适用。法院强调:"考虑到不危害司法程序统一性,以及[司法部长]在考虑特定引渡案件要素时所起到的合理作用,一般来说法院在实践中否认宪章具有境外效力。"同上,第854页。

〔154〕 同上,第849页。

〔155〕 同上,第850页。

〔156〕 同上,第851页。法院指出:"当一个国家已经正式废除死刑时,是否可能重新适用死刑仍存在争议。"同上,第852页。法院讨论

规范协调与角色选择
跨国司法对话在制定与施行国际法中的作用

了加拿大议会与1987年进行的一项投票决议,在这场决议中恢复死刑的提案以127∶148的票数遭到驳回;法院指出:"投票结果远不足以显示出反对死刑的广泛共识,甚至议员都无法达成一致意见。"同上。与此同时,法院强调对于特定军事犯罪,死刑在加拿大依然是适用的;并且根据公投结果,相当一部分加拿大公民支持对特定犯罪重新适用死刑。同上。

〔157〕 同上,第849页。拉·弗瑞斯特(La Forest)法官、L'霍莱克斯-杜贝法官及根赛尔(Gonthier)法官在并存意见中均强调了尊重行政机构的重要性:

> 虽然行政决定必须接受司法审查,但当法院决定干涉行政机构在这一领域行使裁量权时,"必须极其谨慎以顾及行政机构在处理对外事务时享有的崇高地位"。在处理对外关系方面,行政机构比法院在行得多,因此在评估上述考虑因素时也更加得心应手。

引用同上,第837页(并存意见)(引用省略)。

〔158〕 [2001] 1 S.C.R. 283(加拿大)。值得一提的是,在金德勒案中代表多数意见的四名法官中的三人在伯恩斯案中改变了自己的立场,转而赞同引渡嫌疑人使其面对死刑判决违反加拿大宪章中对生命权的保护。然而,这三位法官[麦克拉克林(McLachlin)、L'霍莱克斯-杜贝及根赛尔]在判决伯恩斯案时已经退休了。

〔159〕 法院作出裁定:根据宪法规定,除特殊案件外,即加拿大司法部长拒绝尝试定义或参与的案件,否则加拿大司法部部长应当确保在引渡死刑案嫌疑人前不得对其判处死刑。同上,第296、323页。

〔160〕 同上,第312页(引用省略)。法院阐释了在司法这种背景下的作用边界,对"司法固有领域"及"常规公众政策"进行了区分。同上,第326页。"常规公众政策"涉及"广义上关于死刑的争论,包括其

第三章
关于死刑的跨国司法对话

起到的赔偿及震慑的作用",因此反映出"'在司法固有领域'之外通过信仰和社会科学证据传播的哲学立场"。同上。"司法固有领域"则涵盖"在刑法框架下对个人进行的调查、起诉和审判,以及个人进行的答辩与上诉"。同上。法院接下来解释道,对于其他方面的考量,例如"保护无罪的人,避免误判,以及在发现误判时及时予以矫正","是法院的当务之急,并且直接涉及法官作为公正系统守卫者应尽的责任"。同上。最终,法院总结道:"引渡嫌疑人使其面对死刑判决属'司法固有领域',因为它涉及'在谋杀定罪中可能导致的误判'。"同上。

〔161〕 同上,第324页。

〔162〕 同上{State v. Makwanyane,[1995](3)SALR 391 at 431(CC)(S. Afr.)}。

〔163〕 同上,第356页。在这一点上,法院不仅通过参考国际协定和联合国决议等文件对"国际上关于废除死刑的倡议"进行了调查(同上,第332—334段),而且考虑了相关国家实践,最终得出结论——"国家逐渐倾向于废除死刑"。同上,第334页。与此同时,法院强调自从1991年金德勒案判决后,"加拿大开始在国际层面上大力倡导废除死刑,也反映出这个问题正在被世界上绝大多数民主国家纳入考虑范围"。同上,第330页。

〔164〕 同上,第356页。与此同时,法院强调适用死刑在请求国,即美国,仍是热议焦点。同上,第356段。

〔165〕 同上,第302页。

〔166〕 同上,第323页。

〔167〕 Harold Hongju Koh, *The Ninth Annual John W. Hager Lecture, The 2004 Term: The Supreme Courts Meets International Law*, 12 TULSA J. COMP. & INT'L L. 1(2005)(美国最高法院正逐渐采纳"跨国主义"或"国家主义"之一以应对外国法及国际法,截至目前"跨国主义"态度仍占据主导地位)。

〔168〕 笔者并不认为各种政府机构正致力于进行正式合作以输

规范协调与角色选择
跨国司法对话在制定与施行国际法中的作用

出规范,虽然正式合作是有可能实现的,但截至目前尚无证据证明美国或欧盟正就死刑或跨国对话展开正式合作。然而,有证据显示人权拥护者正致力于建立一种合作策略,使法院、立法者、国际组织,以及其他"法律宣布平台"能够参与其中并且阐述有关人权的国际法规范。相关论述见前注60。

〔169〕 卡尔·劳斯蒂亚提出了在规范输出背景下存在的另一种类似的现象。他指出随着弱方引入外国实践的意愿和动机不同,美国和欧洲输出规范的成功程度也会随之变化。见 Raustiala,前注 34,第56—61页。

〔170〕 例如,立陶宛、阿尔巴尼亚和乌克兰均有很强烈的动机去接受欧洲关于废除死刑的规范,并且这些规范已经深深植根于这些国家的法律体系中。见乌克兰宪法法院关于死刑的裁定,前注132;阿尔巴尼亚宪法法院关于死刑的裁定,前注97;立陶宛宪法法院关于死刑的裁定,前注94。反之,尽管枢密院竭尽全力去引入欧洲关于死刑的规范,但加勒比国家采纳这些规范的意愿就弱很多,因此,这些规范也并未融入加勒比国家法律体系中。见后注335—346及对应正文(加勒比国家强烈反对适用枢密院的判决)。

〔171〕 欧洲议会已经宣布,无论其成员国选择保留或者废除死刑,"都必须考虑到与欧盟的协商结果以及合作协议"。欧洲议会关于废除死刑的决议,欧洲议会文件,B4-0468(1997),见 http://www3.europarl.eu.int。已被立陶宛宪法法院关于死刑的裁定引用,前注94,第四部分第三条第二款。在欧洲与美国或其他保留死刑的国家进行商讨时,倡议废除死刑已经成为了常规步骤之一。见法庭顾问外交官莫顿·阿布拉莫维茨(Morton Abramowitz)等提交的简要诉状,McCarver v. North Carolina,532 U.S. 941(2001)(No. 00-8727)(美国前外交官论欧洲外交司反对美国对智力有损害的犯人实施死刑)。在克林顿及布什总统任职期间,由于不同欧洲政府派出的外交官经常就美国死刑问题上发难,这位执笔人作为"负责人权、民主与劳动事务助理秘

第三章
关于死刑的跨国司法对话

书"的资深顾问,投入了大量时间对此进行回应。在现实中,欧盟确实设立了一个网站致力于宣传废除死刑。见《欧盟关于死刑问题的政策与行动》,http://www.eurunion.org/legislat/DeathPenalty/dealthpenhome.htm(最近访问:2005年1月1日)。

〔172〕 例如,《关于废除死刑的第1044号决议》,欧洲议会(1994年10月4日),见 http://assembly.coe.int/Documents/AdoptedText/ta94/ERES1044.htm。

〔173〕 立陶宛宪法法院关于死刑的裁定,前注94,第四部分第三条第二款。

〔174〕 阿尔巴尼亚宪法法院关于死刑的裁定,前注97。

〔175〕 笔者在第五章第一部分第2点C项详尽论述了枢密院的政策在加勒比国家受到的冷遇。见后注335—346及对应正文。

〔176〕 笔者并不认为目前存在一项禁止死刑的国际习惯法规范,因为要形成这种规范,需要"国家间形成普遍且一致的实践,并且这些国家实践的原因是出于对自身法律义务的考量"。RESTATEMENT (THIRD) OF THE FOREIGN RELATIONS LAW OF THE UNITED STATES §102(2)(1987);另见 Statute of the International Court of Justice, June 26, 1945, art. 38, para. 1(b), 59 Stat. 1055, 1060. 在笔者看来,目前并没有足够的证据证明世界各国正在废除死刑。见 SCHABAS,前注92,第9页("若说现今存在普遍适用的规范以禁止残忍对待方式、虐待和废除死刑还为时过早……虽然这项规范必须随着社会逐渐成熟才能演进,但是我们必须参与这个发展过程。这项规范已经在地区范围内得以发展。")。

〔177〕 反之,早期法院经常强调国家实践千差万别,并且各自对死刑的道德性及合法性的态度也不尽相同。见 Kindler v. Canada, [1991] 2 S. C. R. 779, 856(加拿大);Soering v. United Kingdom, 161 Eur. Ct. H. R. (ser. A),第111段(1989年)(拒绝将嫌疑犯引渡至弗吉尼亚州使其面临死刑判决,但是承认"弗吉尼亚州法律体系总体来说是

规范协调与角色选择
跨国司法对话在制定与施行国际法中的作用

民主的,尤其是该地的审判程序和上诉程序")。

〔178〕 United States v. Burns,[2001] 1 S. C. R. 283,334(加拿大)。

〔179〕 立陶宛宪法法院关于死刑问题的裁决,前注94,第四部分第三条第二款。

〔180〕 威廉·沙巴斯认为有关死刑问题的司法对话其实是"比较法和国际法互相影响的过程",这一过程是独特的。SCHABAS,前注92,第12页。

〔181〕 部分亚洲地区正越发热衷于参与司法对话。举例来说,中国台湾地区法院在近期设立了一个网站,并在上面公布了大部分判决的英文版本。见 http://www.judicial.gov.tw/b4,相关讨论见 SLAUGHTER,A NEW WORLD ORDER,前注22,第75页;另见,同上,第73页[论亚太法律协会(LawAsia)的发展,该协会是一个地区性法律联盟,其目的在于推动亚太地区人权法的发展,发展亚太地区的通用法]。

〔182〕 见南非宪法,第二章第三十九条第一款b项(法院在解释南非人权法案时应当考虑"国际法规定");第十四章第二百三十三条(法院应当尽可能解释国内法,使其符合国际法规定)。

〔183〕 再者,参与跨国司法对话能够巩固宪法法院在这些国家中的地位。见 SLAUGHTER,A NEW WORLD ORDER,前注22,第99页("当国家司法独立与完整受到攻击,而法官意图支持关于司法独立与完整的全球规范时,参与全球司法计划就是十分重要的")。思朗特重新描述了罗伯特·穆加比政府对津巴布韦最高法院大法官进行人身威胁一事;此后,这位大法官收到了来自世界各地法官的支持信,其中一些人通过参与不同司法体系已经进行了会面。据这名受到威胁的大法官所说,这些支持一直在提醒他,"你并不是一个人"。同上。

〔184〕 虽然大陆法系法院不会引用关于死刑的外国判例,但它们仍然可能意识到这种判例的存在。的确,根据传闻证据,诉讼人或利益相关人会根据外国法或国际法规定在本国法院进行论证。见 Short/Netherlands,HR 30 maart 1990,NJ 249(ann. AHJS)(荷兰),节选及译文

第三章
关于死刑的跨国司法对话

见 29 I. L. M. 1375(1990)。在本案中,荷兰法律总顾问根据欧洲人权法院对索林案的判决和荷兰根据国际条约承担的义务向最高法院提交了论证,主张荷兰不应当将美国士兵引渡回美国使其面临死刑判决。同上,第1378—1388页。最高法院对法律总顾问得出的结论表示赞同,但仅简单地提及了索林案的判决。同上,第1389页。

在一起类似的案件中,当事人对死刑是否符合匈牙利宪法规定及其有效性进行了讨论,见匈牙利宪法法院关于死刑的裁定,前注97。反死刑联盟(the League Against Capital Punishment)向匈牙利宪法法院提交了一份长篇研究报告,在其中"详细论述了欧洲反死刑运动,并且对世界各国适用及废除死刑的情况进行了调查"。Tibor Horvath, *Abolition of Capital Punishment in Hungary*, 33 ACTA HUNGARICA 153, 155 (1991),引自 Carozza,前注92,第1064页脚注173。匈牙利宪法法院只是简单地提及了相关的国际人权保护文件,且并未就此问题引用外国判例法加以解释。同上,第1064页。

〔185〕 关于地区联络及历史对死刑相关对话的重要性,见 United States v. Burns,[2001] 1 S. C. R. 283, 335(加拿大)。在对国家实践和国际法律渊源进行调查后,法院作出如下结论:"第一,根据国际标准,刑法正在朝着废除死刑的方向发展。第二,这一趋势在民主国家更为明显,且这些国家与我国具有相似的刑法系统……第三,民主国家,尤其是西方民主国家废除死刑的趋势或许能够证明存在一项基本审判原则,而正是这项原则使加拿大拒绝适用死刑。"同上,见威尼斯委员会关于乌克兰适用死刑的意见书,前注145,第5段["在欧洲司法领域,人们正在越来越频繁地提及'国际法治'(international constitutionality)和'超法治'(supra-constitutionality)这两个概念,尤其在考虑到人权问题的时候。同时,在考虑到基本人权问题的时候,分开讨论国家根据宪法与国际公法承担义务的情况也越发罕见。"]。

〔186〕 立陶宛宪法法院关于死刑问题的裁决,前注94,第四部分第三条第二款。与此同时,法院追溯了不同国际人权文件与超国家人

权文件中对生命权的规定,但却忽视了多数文件中仅承认有条件的生命权,即允许适用死刑。同上。

〔187〕 法院是否应当参与制定国际法则是另一个值得商榷的问题。笔者将在第五章对此及其他合法性问题进行详尽论述。

第四章 跨国司法对话与跨国言论

互联网已经改变了跨国言论的司法管制方式。正如保罗·伯曼指出的那样：

> 网络空间使得一个人在某个特定物理位置上在线发布的内容会违反其他物理位置的法律。在这种情况下，治外法权是不可回避的问题。是否要求发布内容人员的言论应当符合受众群体所在国家中最严格的规范？那些针对互联网内容制定了相应法规的国家之民众是否会被迫接受一些危险言论？[188]

随着互联网的出现，国家之间的管辖权冲突此起彼伏，应当适用哪国的法规对互联网言论进行管制成了争议焦点。在言论权利与其他社会权益的平衡方面,世界各国存在着巨大差异,这使得管辖权冲突更难以解决。特别是充分保障言论自由的美国法院,与那些严格限制言论的国家冲突升级。[189]

与此同时,管辖权冲突问题为世界各国法院开展新的跨国对话提供了新的契机。迄今为止,对话主要集中在管辖权冲突的两个方面:第一,对支持仇恨言论网站的域外管制[190];第二,网上发布涉嫌诽谤言论的私人诉讼。在上述两种情况下,最关键的是某些关键准则的平衡。[191]在仇恨言论语境下,言论自由权与少数群体的权利如何平衡,以保护其免遭受暴力或歧视;在诽谤的语境下,言论自由权如何与名誉权进行平衡。

跨国言论对话中的所有规范,如死刑背景下的争议,都载于各种国际人权文书和大多数国家宪法中。[192]但是在跨国言论中,国内司法管辖区从根本上不支持这些准则的适当平衡。各国以有关死刑的大量传统法和习惯法,包括条约、国际法庭裁决和国家司法实践为背景就死刑问题展开对话。[193]相比之下,在新兴的跨国言论的对话中,直接涉及该主题的国际

第四章
跨国司法对话与跨国言论

法较少,各国司法实践也刚刚开始发展。诸如条约谈判等传统的自由国际主义的制度和发展迄今未能为国内法院根据国际法进行适当平衡提供指导。[194]

在没有政治解决方案的情况下,国内法院正在利用针对司法管辖权和司法礼仪的司法解释来支持其国内社会对跨国言论规范的平衡。[195]因此,跨国司法对话有助于形成有关跨国言论域外管辖权界限的新兴国际准则,以及保护此类言论的准则内容。

一、针对互联网仇恨言论的全面管制

越来越多的国家(主要在西欧)在民事和刑事法律中试图对外国网站的内容进行管制,以确保这些网站符合国内禁止仇恨言论或歧视的法律。例如,在德国,检察官起诉 Compuserve(美国最大的在线信息服务机构之一)德国总部的总经理未能阻止德国用户访问包含纳粹材料的外国网站。[196]德国法院还裁定,澳大利亚公民可能因违反德国言论法而被起诉,尽管依据澳大利亚法律,他在澳大利亚网站中发表否认大屠杀的言论是合法的。[197] 2002年11月,欧洲理事会通过了一项新的互联网仇恨言论管制办法的欧洲议定书。[198] 随着欧洲国家批准该议定书并制定了相应的国内法,欧洲国内法院可能会遇到更多涉及互联网言论的案件,以及与美国等其他国家的法院产生更多的管辖权争议,因为这些国家不赞成欧洲禁止仇恨言论的规定。

- 雅虎公司诉反种族主义和反犹太主义联盟案[199]

迄今为止,有关仇恨言论管辖权争议最著名的案件,是法国和美国法院之间关于雅虎公司通过互联网获取纳粹纪念品的管辖权争议。2000年,巴黎的一个庭审法院发布了一项禁令,要求美国公司雅虎和其在法国的子公司禁止法国公民进入所有由雅虎公司开设的拍卖纳粹纪念品、主张纳粹主义或否认大屠杀的网站或任何其他网站的链接。[200] 雅虎公司认为法国法院无权对美国公司的活动行使域外管辖权。鉴于现有技术的局限性,遵守法国法院的裁决需要从雅虎的美国服务器上彻底清除违规材料。其结果不仅是无法向法国公民提供服务,而且也无法向那些依据本国法律可以查看纳粹材料的客户提供服务。另

第四章
跨国司法对话与跨国言论

外,雅虎公司向法国法院强调,法国法院试图审查雅虎网站的内容违反了美国宪法第一修正案的有关规定。[201]

法国法院驳回了雅虎的申辩。在两项独立的裁决中,法院认定其对雅虎在美国设立的网站享有管辖权,并解释说:"仅将纳粹物品置于可视范围内便违反了法国的法律规定。"此外,"出售纳粹物品……严重伤害了遭受纳粹犯罪集团暴行伤害的公民(特别是犹太公民)的共同且挥之不去的记忆"。因此,法院认为:"本案与法国的关联关系已经充分表明法国法院完全有权审理该控告。"[202]

法国法院也没有因为雅虎公司声称该行为违反了美国宪法第一修正案而改变其决定。法国法院指出,第一修正案本身受到限制,并认为这些限制应包含纳粹标志,法国法院称:

> 雅虎公司已在其拍卖网站上拒绝出售与恋童癖有关的人体器官、毒品、作品或物品……禁止售卖这些物品正是受制于美国宪法第一修正案……毋庸置疑,将此限制延

> 伸到纳粹主义的标志是轻而易举的,而这样的倡议将有利于满足所有民主社会所共有的道德与伦理要求。[203]

雅虎公司并没有向法国的上一级法院上诉,而在美国加利福尼亚州的地区法院起诉法国原告,要求作出确认之诉,认为依据美国法律其无须执行法国法院的判决。[204] 必须强调的是,法国各方并未尝试在美国执行法国法院的判决。事实上,法国法院极力主张美国法院对此事没有管辖权。[205] 法国方面认为,美国法院应该放弃行使管辖权,因为雅虎只是国际货物贸易平台。[206]

从某种意义上来说,法国方面是正确的:雅虎公司确实是国际贸易平台,其并未在法国高等法院进行上诉,却在美国法院寻求庇护。[207] 更重要的是,雅虎公司正在要求美国法院先行确认第一修正案的保护范围映带扩展到在美国发布的互联网言论。从本质上说,雅虎公司正在促使美国法院与法国法院就跨国言论的域外管辖权的适当界限以及针对跨国言论的法律冲突问题进行对话。

第四章
跨国司法对话与跨国言论

美国地方法院接受雅虎的提议,认为雅虎公司面临来自法国判决的"真实且直接的威胁"[208],美国地方法院解释说:

> 法国禁止销售或展示与特定政治组织有关联的物品,并禁止雅虎公司展示关于大屠杀和反犹太主义的物品。依据美国宪法,美国法院不能作出这样的判决……"对第一修正案中自由的侵犯,哪怕只有片刻,都毫无疑问会造成不可弥补的伤害。"[209]

另外,美国法院强调,其决定反映了美国独特的言论自由保护方式,并强调法国(和其他国家)有权说明并实施自己的方式:

法院承认,依据美国宪法和法律裁决本案时,必然采用某些价值判断,其中包括第一修正案中的基本准则,即允许非暴力性地表达攻击性观点而非强调政府对言论的监管。法国政府和人民根据自己的经验作出了不同的判断……法院无意冒犯该判决或该经验。[210]

尽管如此,美国法院认为,第一修正案的规定使得美国无法执行法国法院的命令。[211]美国法院方面解释说:"尽管法国有权确定允许何种言论,但美国法院可能不会执行该命令,因为该命令违背了美国宪法中对于言论自由的保护,此外该言论也发生在美国境内。"[212]美国法院的结论是,法国的命令"虽然明确依据了法国的法律"[213],但即便出于司法礼让美国也无须执行。美国法院解释说:"如果缺乏一套关于互联网言论的国际法律标准……法院首先需要保障第一修正案的实施,而非奉行司法礼让原则。"[214]

因此,美国法院在雅虎案中表示愿意与外国法院就跨国言论的监管进行对话。美国法院首先承认法国法院有权阐明其关于仇恨言论的国内规范以及如何在国际层面执行这些规范,但美国法院通过主张自己的管辖权并主动参与争议解决,也明确表示美国法院也有权依据美国的法律规范解决跨国言论问题。因此,美国法院向法国法院和世界各地的其他法院宣布,愿意就跨国言论域外管制的适当界限进行司法对话。美国法院明确表示,通过对话,美国将成为保护跨国言论自由的积极代表或捍卫者。[215]

第四章
跨国司法对话与跨国言论

· 西特伦诉曾德尔案[216]

2002年1月,加拿大人权法庭依据《仇恨言论法》关闭了一个针对加拿大受众的美国网站。[217] 1995年,居住在加拿大的德国公民曾德尔创建了 Zundelsite 网站,该网站支持反犹太人和大屠杀修正主义者的观点。为了规避加拿大的《仇恨言论法》,曾德尔雇用了一位美国公民在加利福尼亚州建立并运营 Zundelsite 网站。在接下来的几年里,曾德尔在加拿大撰写了反犹太主义材料,然后将这些材料传真给他在加利福尼亚州的员工并在美国网站上发布。[218] 尽管该网站在加利福尼亚州运营,但 Zundelsite 的受众群体无疑是加拿大民众。例如,该网站上的重要文件包括题为"曾德尔故事"的序言,有提到"致所有加拿大律师和媒体代表"。网站上的文件和消息也声称:"压抑的加拿大政府限制了言论自由。"最重要的是,该网站邀请用户将评论发送至曾德尔加拿大的电子邮件,并要求用户将捐款寄到曾德尔在加拿大的办公地址。[219]

曾德尔采取了"国际购物平台"的独特形式。在雅虎案中,一家总部位于美国的德国公司请求依据第一修正案寻求庇护,因为该网站主要面向美国公民。[220] 另外，曾德尔试图使用第一修正案作为盾牌，以保护其专门面向不允许仇恨言论国家公民的网站。[221]

曾德尔企图逃避加拿大管辖权的做法未能奏效，因为加拿大法院认为Zundelsite网站服务器的实际位置与加拿大法院对网站内容的管辖权无关。法院认为，曾德尔对Zundelsite网站的内容"行使了重大控制权"[222]，因此认定曾德尔在创建和宣传网站方面的行为违反了加拿大人权法对禁止仇恨言论的规定[223]。

法院还讨论了加拿大的判例，在保护少数群体免受歧视与个人言论自由权利之间寻求平衡。[224]为了在这些相互具有对抗性因素的准则之间找到适当的平衡，法院指出了"国际社会在消除歧视方面的立场，包括传播种族和宗教优势的行为"[225]。法院的结论是：

鉴于禁止仇恨言论是国家的重点规定，并且从国际责任的角度来看，我们认为，通过互联网这一媒介进行仇恨宣传是非法的，因为一旦我们认定仇恨宣传与加拿大宪章的价值取向是对立的，我们认为只要在宪法

第四章
跨国司法对话与跨国言论

管辖范围内,发表言论的方式不是影响其非法性的因素。[226]

法院也未考虑该裁决未来在美国可能难以执行的问题。加拿大法院承认这一实际困难[227],但强调其裁决是为了实现其他与执行同等重要的目标。法庭除了进行"预防和消除歧视性行为"外,还指出:

> 公开谴责这一违法行为也具有重要的示范作用。同样,可以通过公开讨论法庭裁决中阐明的原则来实现法律潜在的教育价值和最终的更重要的预防性价值。[228]

因此,法庭意识到曾德尔案重要的潜在价值,曾德尔案不仅将现有的加拿大关于仇恨言论的规范适用到新的情形下,而且实现了更重要的警示和教育作用。此外,加拿大法院也进一步发展了美国法院在处理雅虎案中的做法:加拿大法院认为其不仅是国内言论规范的跨国代表者或捍卫者,而且还是国内规范的跨国倡导者或支持者。

二、针对网络诽谤言论的诉讼

新兴的跨国言论对话的第二个方面涉及基于互联网发布涉嫌诽谤言论的诉讼。由于网络诽谤性言论立即向全世界的受众传播,因此,网络言论者在全球数百个管辖区内都面临着被追责的情况。此外,由于各国法律对于诽谤行为处罚的差异很大,网络言论者辩称原告可以寻求针对诽谤言论处罚最严重的国家进行管辖。美国的网络言论者认为自己在外国司法管辖范围内更易受到起诉,而这些诉讼并未保障网络言论者依据第一修正案应当享有的言论保护。美国的网络言论者正在积极推行诉讼策略,试图将美国的诽谤法律(以及第一次修正案的保护)扩展到互联网言论领域。以下案例是美国最大的在线内容出版商之一——道琼斯公司所采用的策略。

· 道琼斯公司诉哈罗德百货公司及法耶兹案[229]

道琼斯公司诉哈罗德百货公司案的起因源自一个愚人节笑话,然而这个笑话却引发了诉讼。2002年

第四章
跨国司法对话与跨国言论

3月31日,伦敦哈罗德百货公司发布新闻稿称该百货公司的所有者法耶兹将于次日宣布哈罗德百货公司"漂浮"计划,并告知记者们如需获取更多相关信息请联系哈罗德百货公司的Loof Lirpa(愚人节英文"April Fool"的字母倒序)。4月1日,哈罗德百货公司正式公布了笑话的真实内容,宣布法耶兹打算在泰晤士河案边建造一个船形商店来完成哈罗德百货公司"漂浮"计划。[230]

显然,道琼斯公司并未知晓这个笑话的真实内容,于4月1日在《华尔街日报》的纸质版和网络版上刊登了一篇文章,错误地报道哈罗德公司披露将于当天计划上市,也就是即将发行哈罗德公司的股票。数日后,道琼斯公司又刊登了另一篇题为《安然事件英国版》的报道,其中正确地描述了哈罗德公布的愚人节玩笑话,并评论说:"如果哈罗德公司……上市,投资者会明智地质疑该公司公开的每一条信息。"[231]意料之中,哈罗德公司以及法耶兹对该报道将其与安然公司(美国的一家公司)进行比较表示不满,哈罗德公司告知道琼斯公司,它正准备向英国法院提起诽谤诉讼。[232]

道琼斯公司试图在美国纽约地区法院起诉哈罗德百货公司,对英国进行的诽谤诉讼采取先发制人的策略。道琼斯公司认为,以新闻内容为事由提起诽谤诉讼无法在美国的宪法审查中获得支持,因为该出版物发表的内容仅仅是"基于事实陈述的不可诉的意见表达"[233]。道琼斯公司认为,英国的诽谤法对出版商的保护要少很多,因此,"这与美国为保护言论自由和新闻自由而建立的历史性规范、传统以及政策恰恰是相反的"[234]。

依据这些论据,道琼斯公司(像雅虎案中雅虎公司作为原告一样)要求美国法院作出确认之诉,保护其免受英国的任何判决。但道琼斯公司进一步要求美国法院发布禁令,禁止哈罗德公司在英国以及其他任何外国司法管辖区追究其行为构成诽谤。[235]道琼斯公司这项新要求是基于互联网已经在跨国层面改变了言论的形式,美国法院因此拥有了一个绝佳的机会:"在这一重大发展的前沿……美国法院要做好准备抓住这一历史性机会加强和扩大第一修正案对美国出版商的保护,以避免出版商的商业活动可能在外国司法管辖区内承担潜在的诽谤责任……"[236]

第四章
跨国司法对话与跨国言论

从本质上说,道琼斯公司是在雅虎公司所享有权利的基础上敦促纽约法院扩大网络出版商在跨国言论中的权利。道琼斯公司不仅仅请求法院加强对互联网言论监管的跨国司法对话,因为这在雅虎案中已经得到实现,它还请求法院抓住这一机会保障美国关于言论自由的法律法规的实施,从而确保美国关于言论自由的保护在司法对话中发挥强大作用。[237]

然而,法院拒绝了道琼斯公司的请求,法院解释说,出于司法礼仪美国法院试图抢先对英国的诽谤诉讼作出裁决是不恰当的,因为哈罗德公司在未来可能选择在世界上的其他司法管辖区提起诉讼。[238]美国法院表示外国法院难以承认其针对外国的诽谤诉讼作出的禁令。[239]总而言之,美国法院认为根据美国法律或国际法,美国法院对此并无管辖权。美国法院评论说:

> 根据道琼斯公司的假设,《确认判决法》授权美国法院在全球法院中拥有优先管辖权,并能够在全世界范围内对违规诉讼进行

规范协调与角色选择
跨国司法对话在制定与施行国际法中的作用

> 控制。对于任何法官来说,这样的普遍管辖权似乎有足够的吸引力,但法院必须对其管辖范围采取适度的限制……法院在美国宪法……以及国际习惯法中,都未找到这种"奥林匹克式"司法管辖权的依据。[240]

此外,法院明确表示,美国法院有权解决本案中所涉及的各种跨国问题,并且认为涉及跨国言论的案件"必然涉及较多的法律和政策问题,因此,日后将会更频繁地采用这种手段"[241]。这些案件可能"为法院日后运用正确的视角解决相应的案件提供经验"[242]。在哈罗德案中,法院明确表示,在适当的情况下愿意就互联网言论的监管进行司法对话,并在对话中捍卫美国有关言论的法律规范。

对于审理哈罗德案的法庭来说,该案在某种意义上涉及对时机的掌握。基于对有关新闻内容的审查,法院称将毫不犹豫地发布不予承认英国法院对道琼斯公司判决的声明(如雅虎案中法院的做法一样)。[243]但道琼斯公司却要求美国法院先行对外国司法管辖区内的诽谤诉讼进行处理。法院解释说,这样

第四章
跨国司法对话与跨国言论

的举动将被世界各地的法院视对司法礼让原则的蔑视,并且是拒绝外国法院运用其社会准则维护自身互联网言论合法利益的行为。法院解释说:

> 不能将任一国家的任何法官当作是本国某一省份的法官一样,对其审理案件的时间作出建议,或对其要求判决须遵守本国的法律,这种做法将会越过主权边界,进而干涉他国的主权。[244]

笔者同意法院在哈罗德案中的观点。此外,在笔者看来,在雅虎案中法院实现了适当的平衡:美国法院通过确认外国的先行判决违反了第一修正案,在中期介入了法美双方之间的争议。这种做法使美国诉讼人能够利用《确认判决法》保护自身权利,以防止其依据第一修正案所具有的权利不被侵犯,同时也防止美国法院过早地干预外国的诉讼过程。更重要的是,这种做法使得美国法院在跨国层面能够确认美国言论自由规范的权力,同时避免对外国法院管辖权进行干预。

规范协调与角色选择
跨国司法对话在制定与施行国际法中的作用

・古特尼克诉道琼斯公司案[245]

就在美国法院对哈罗德案作出判决两个月之后,道琼斯公司的在线出版利益再次遭受了重创。澳大利亚高等法院审理了迄今为止关于互联网言论监管最重要的案件,裁定澳大利亚法院可对美国道琼斯公司的商业新闻网站Barron's Online的诽谤行为行使管辖权。[246]在道琼斯公司诉古特尼克案中,澳大利亚商人约瑟夫·古特尼克称Barron's Online中的一则报道涉嫌对其诽谤。[247]古特尼克在澳大利亚提起诉讼,因为澳大利亚是其居住地,并且他声称其名誉于澳大利亚受到侵害。道琼斯公司在澳大利亚未设立办事处也没有资产,并且其受众也不包括澳大利亚的网民;但是,道琼斯公司确确实实在澳大利亚拥有约1700名用户。[248]

古特尼克案管辖权的中心问题是世界各地法院刚开始探讨的问题:当某人向一国服务器上传诽谤性言论,但其他人在另一国的计算机上查看该内容时,应该适用哪国法律理解"言论"的外延?[249]在非互联网背景下,美国绝大多数州都采用了"单一规则",该规则对网络服务提供商的责任作出限制,并且通常认

第四章
跨国司法对话与跨国言论

为应依据发表言论地的法律对"言论"作出解释。[250]但澳大利亚(以及其他许多国家)仍保留普通法中的"多重规则",允许多个司法管辖区对每次诽谤性言论(即每次传播)采取不同的方式理解其动机。[251]

在古特尼克案中,道琼斯公司强烈敦促澳大利亚法院不能使用其"多重规则"理解网络上的言论,而应该将诽谤言论视为"一项全球侵权行为(而不是多重错误)"[252]。道琼斯公司认为,如果"多重规则"适用于网络言论,原告可以在任何可以访问互联网的司法管辖区("从阿富汗到津巴布韦")[253]起诉同一网络服务提供商。若是这样,"网络服务提供商必须虑及全世界所有国家的法律,但是显然网络服务提供商无法有效地防止任何人在任何地方下载其服务器上的信息"[254]。此外,在全球范围内采用美国的"单一规则"将确保网络服务提供商只能在其计算机服务器所在的管辖区内被起诉。对位于美国的道琼斯公司以及其他网络服务提供商来说,这必然会为其提供美国诽谤法的保障,也可以使其在诉讼中处于优势地位。[255]

澳大利亚高等法院驳回了道琼斯公司的意见。

法院一致决定拒绝将"单一规则"适用于互联网诽谤言论。法院解释说:

> 当用户使用网页浏览器从服务器中将互联网上的诽谤信息下载至个人电脑时……该用户才能知晓该信息,因此服务器是用户下载诽谤言论的源头。在通常情况下,服务器是诽谤侵权行为的发生地。[256]

由于澳大利亚网民在 Barrons Online 上看到涉嫌诽谤的文章,因此,法院认为澳大利亚法院可以对古特尼克的索赔行使适当的管辖权。[257]

尽管古特尼克案中的焦点是法律形式问题,但法院对于公共政策和外交关系形成了一致的观点,这解决了法院判决背后需要考虑的复杂因素。[258]例如,卡里南法官抓住了这个契机,他认为澳大利亚在诽谤法中的规定优于更自由的美国模式。他评论道:

> 澳大利亚诽谤法……及其背后的政策都与美国有所不同。毫无疑问,美国的规定

第四章
跨国司法对话与跨国言论

过于支持被告人的主张,有些人还认为美国的相关规定极度偏袒被告人。福尔摩斯法官对言论自由的隐喻也充分体现了其对美国相关法律的批判。[259]

为了平衡言论自由与名誉保护之间的紧张关系,卡利南法官强调他更认同澳大利亚体系中的平衡准则:

> 澳大利亚法律体现了名誉的真正价值,并且适当地限制了言论自由。在我看来,无论是现在还是在历史上,澳大利亚的法律都在网络服务提供商和言论自由之间进行了适当的平衡。[260]

最后,卡利南法官发出警示,他认为需要保护澳大利亚民众免受"美国法律霸权"的威胁,这也是审理案件时最需要注意的危险:

> 在此案件以及很多其他案件中,上诉人企图将与网络服务提供商相关的"美国法律

霸权"强加给澳大利亚民众。这样做的结果是……美国将会凌驾于另一个国家之上,而且对网络服务商以及其他媒体的管控更为宽松,这的确是诽谤法的一个有效成果,但对那些不幸遭受诽谤言论侵害的人来说则是不利的。[261]

虽然卡利南法官充分说明了其支持澳大利亚有关言论规范的理由,但迈克·科尔比法官专门论述了国内司法机构在创建跨国法律规则方面的潜在作用。科尔比法官倡导进行跨国司法对话并借鉴域外和国际法律资源来确立国内法[262],他在古特尼克案中的意见反映了这种国际主义的态度。科尔比法官认为在国际上需要一项创新大胆的机制实现对互联网的域外管制[263],他意识到无论是传统的自由主义抑或是国际主义方法(如多边条约谈判)迄今都未能对此提供完美的解决方案[264]。在没有政治解决办法的情况下,科尔比法官呼吁各国法院通过对话"针对数字化时代建立一致的跨国法律"[265]。

在探讨国内法院如何制定关于互联网言论的"一

第四章
跨国司法对话与跨国言论

致的跨国法律"时,科尔比法官首先提及了国际人权条约的重要性,以期在保护言论与保护名誉之间作出适当的平衡。[266]他指出,《公民权利和政治权利国际公约》(澳大利亚和美国都是签署国)均载有保护言论自由和声誉权的条款。[267]但是,该公约只有简短的规定,即言论自由权可能"受到某些限制……如尊重他人的权利或声誉",却并未就这些权利冲突之间的适当平衡提供指导意见。[268]

科尔比法官试图利用国际法律规范来制定有关互联网言论的跨国法律规则却徒劳无功。他最终不情愿地得出结论说,澳大利亚法院没有权力执行这样一项微妙的任务。[269]他指出,"驳回道琼斯公司的上诉并不是完全令人满意的结果"[270],该案件涉及的问题似乎要求国家在立法上加以完善,并要求在互联网相关的全球化论坛上对此进行国际范围内的讨论。在缺乏当地立法和国际协议的情况下,国家法院在多大程度上可以提供独创性的解决方案,这将决定对诽谤法领域的法律可以进行多大程度的修改。如果在与诽谤法律一样敏感的领域涉及大规模的法律变更,法院拒绝解决此问题也并不令人意外,因为相较于解决问题,忽视问题显得更为简单。[271]

尽管他们的看法截然不同,但卡利南法官和科尔比法官对关于互联网言论域外管制的新兴跨国司法对话作出了宝贵贡献。卡利南法官通过支持澳大利亚的判断诽谤方法并断言美国方法的不足,为关于哪些准则应成为全球标准的对话作出了贡献。科尔比大官通过解决国内法院在制定有关互联网言论的跨国法律规则方面的局限性,号召司法机构在确立国际法律规范过程中进行更大范围且同样重要的司法对话。

道琼斯公司对高等法院裁决的回应也许是此案中最值得令人思考的一点。道琼斯公司的代理人并没有像哈罗德公司一样寻求美国法院的庇护[272],而是代表威廉·阿尔伯特向联合国人权委员会提出申诉,威廉·阿尔伯特是撰写该故事的记者(该案件的共同被告)[273]。申诉指称,澳大利亚的诽谤诉讼剥夺了阿尔珀特依据公民权利委员会第19条保障言论自由条款应当享有的权利。[274]近期,道琼斯公司解决了此项在澳大利亚的诉讼,这样做大概是放弃了其向人权委员会提出的申诉。[275]

第四章
跨国司法对话与跨国言论

尽管如此,道琼斯公司向人权委员会申诉的举措耐人寻味:这是首次有相关主体要求国际人权机构依据《公民权利和政治权利国际公约》将互联网环境中言论自由与声誉权利进行适当平衡。[276]耐人寻味的问题是,人权委员会如何依据条款平衡此冲突,它会赞成澳大利亚还是美国的做法?如果委员会发现澳大利亚诽谤法律对第19条规定的记者权利进行了不适当的限制,澳大利亚就有义务修改其国内法律。[277]如果发生这种情况,人权委员会将美国言论自由准则引入国际条约是否会被指控为帮助美国扩展"法律霸权"?

虽然人权委员会可能不会支持道琼斯公司对古特尼克案的申诉,但人权委员会可能还有机会参与正在加拿大进行的关于互联网言论监管的新兴跨国司法对话。在邦古拉诉《华盛顿邮报》案[278]中,安大略省的一个中级法院依据澳大利亚高等法院在古特尼克案作出的判决,认为原告可以根据其报纸及其网络版上发布的一系列新闻报道起诉华盛顿邮报诽谤。[279]安大略省法院的判决体现了澳大利亚法院对古特尼克案判决的影响进一步扩大。与古特尼克案的情况相反,邦古拉案的原告不是加拿大公民,并且

规范协调与角色选择
跨国司法对话在制定与施行国际法中的作用

在涉嫌诽谤的新闻报道首次出现在网站上时也并未在安大略省居住。[280]而且,在文章发表时,安大略省的《华盛顿邮报》订阅者只有七位。[281]事实上,邦古拉的律师显然是安大略省唯一一个在互联网上下载该涉嫌诽谤文章的人。[282]

超过五十个国际媒体组织已与《华盛顿邮报》一起向安大略省上一级法院提出上诉,该法院定于2004年11月审理此案。[283]如果《华盛顿邮报》在加拿大法院的上诉不能成功,其后续将采取何种措施也不得而知,但是这个正在出现的问题肯定会促使人权委员会对该案件以及未来的相关案件进行更深入的思考。

无论是邦古拉案的判决结果还是人权委员会牵涉相关案件的可能性都预示着关于互联网言论的跨国司法对话正在进入新纪元。首先,邦古拉案的审理法院依靠比较分析,利用澳大利亚法院在古特尼克案作出的判决为支撑,来审判加拿大网络诽谤案件。[284]尽管法院迄今主要依靠最新的司法管辖权和司法礼让来参与跨国言语对话[285],但邦古拉案的判决表明,比较法作为法院间沟通模式的重要性日益增加。其次,联合国人权委员会的参与将成为促进跨国言论司

第四章
跨国司法对话与跨国言论

法对话发展的重要催化剂。在死刑方面,多国法院和国际法庭的参与在司法对话的发展和国内趋同方面发挥了关键作用,实现了禁止死刑的单一化全球规范。[286]如果人权委员会和其他多边机构积极参与有关网络言论的司法讨论,针对此问题的跨国司法对话将得到进一步加强,一项主要由国际法院确定的有关网络言论的跨国规范也有可能形成。

三、有关言论的跨国对话与司法身份

像关于死刑的对话一样,新兴的跨国言论对话揭示了司法对话对司法认同的变革性影响。尽管国内法院在这两种情况下都将作为国内和国际准则之间的协调者,但在这两种情况下各国对其协调者角色的设想却截然不同。在这两种对话中,国内法院正在就是否将国内法律与域外或国际法律规范进行协调或者在何种程度上将国内法律与域外或国际法律规范进行协调作出选择。在死刑方面,法院可以选择完全退出司法对话,拒绝在其国内法律中考虑域外或国际

规范协调与角色选择
跨国司法对话在制定与施行国际法中的作用

法律来源。[287]选择参与对话的法院主要通过充当规范内化者来协调域外或国际规范;因为他们意识到一项全球性共识——禁止死刑的国际规范正在形成,即使面对国内政治组织的反对,也会将这一规范内化入国内法律体系。

然而,在跨国言论对话中,各国法律规范中相互竞争的管辖权冲突是案件的核心问题,因此,国内法院不能简单地退出跨国言论对话。与此同时,关于跨国言论的对话几乎没有共同的参照点,对于如何适用国际法律规范没有司法或政治共识。[288]因此,在跨国言论对话中,国内法院主要通过充当跨国维权者,甚至是国内言论准则的捍卫者,在国内和国际准则之间充当调解者角色。[289]

鉴于跨国言论的本质,许多国家的法院在跨国言论对话中采取防御性和更保守的做法似乎完全是妥当的,因为政治机构对新兴跨国法律规则的内容也没有任何指导。另外,法院不应忽视各国法院之间的跨国司法对话,因为需要"逐步形成一致性的国际法律规范"[290]。这些试验性的跨国法律规则可以作为各国政治分支机构就新出现的问题进行条约谈判的重

第四章
跨国司法对话与跨国言论

要前提。在此种情况下,跨国司法对话不会破坏传统的国际自由主义在国际法形成中的作用,实际上也可以为传统方法提供有力支撑并提高传统方法的效力。

有关跨国言论的案例研究也可以让我们了解有关其他新兴问题的司法对话的未来发展,并且可以让我们知晓美国法院在此类对话中的目的。关于跨国言论等新兴议题的司法对话通常比针对以往议题的对话更加鲜活与复杂,因为各国法院既需要阐明和捍卫本国的法律规范,又需要对其他国家有竞争性的法律规范作出独特的平衡。而且,正如笔者上文所述,美国法官如果不愿意充当国际法的内化者,可能愿意在跨国司法对话中成为美国针对新兴问题制定法律规范之倡导者,因为国际社会针对这些新兴议题的法律规范仍处于起步阶段。

四、有关言论的司法对话与规范输出及规范趋同

就像与死刑相关的司法对话一样,有关跨国言论的司法对话发生在各国政治机构竭力输出本国或地区有关言论规范的背景下。例如,关于网络上种族主

义和仇恨言论的欧洲议定书代表了欧洲理事会竭力阐明有关仇恨言论的欧洲准则[291],并说服其他国家特别是美国采纳其准则。[292]事实上,该议定书起草委员会主席在制定仇恨言论议定书方面付出的努力和欧洲之前在推动全世界废除死刑方面付出了同样的努力:

> 该议定书对那些未将仇恨言论认定为违法行为的国家而言是一巨大挑战,这些国家必须向其人民或国际社会作出政治性解释,说明其不接受该议定书的理由,废除死刑同样会引发类似的情况。许多国家在国际社会特别是欧洲理事会的压力下对此表示赞同……"议定书"达到预期目标仍需时日,但这已是一个起点。[293]

在雅虎案中,法国法院通过对提供仇恨言论的国外网站行使域外管辖权,其他欧洲国家的法院也积极捍卫并推动了关于仇恨言论的欧洲标准,从而为泛欧洲的规范输出作出贡献。

第四章
跨国司法对话与跨国言论

但欧洲并非唯一试图输出自身言论规范的地区。例如,在曾德尔案中,加拿大人权法院通过行使对美国网站的管辖权,倡导加拿大本国对仇恨言论的处理方式。在哈罗德百货公司案中,道琼斯公司试图说服美国法院在外国司法管辖区内适用美国的言论规范,以达到规范输出的目的。同样,道琼斯公司向联合国人权委员会提出的申诉,实质上是试图通过将美国的言论自由输入国际人权文书中向世界其他地区输出美国有关言论自由的法律规范。

在跨国言论的司法对话中,规范输出能否成功还有待进一步观察。与死刑相关的司法对话不同,新兴的跨国言论对话像是一种"依附性"对话,其中国内司法机构对于规范融合几乎不存在经济或政治动机,只能依附于国内有关言论的相关法律。[294]因此,尽管一些学者已经注意到各国司法部门对互联网的管辖权在一定程度上达成了一致性[295],但迄今为止,跨国言论规范的法律趋同程度远远低于死刑方面。一些参与跨国言论司法对话的国家清楚地认识到规范趋同的必要性。例如,澳大利亚高等法院的科尔比法官承认:"根据预先制定的准则,需要一个明确而单一的规则来规制互联网言论。"[296]但是,为了避免与美国的规范趋同,科尔比法官拒绝要求以此修改澳大利亚规则,理由是不同司法管辖区针对跨国言论规范的差异很大。[297]他的做法可能是各国法院就新出现的问题参与对话的一贯做法:如果没有更多理由的话,仅凭建立单一国际准则的必要性,可能不足以说服各国法院寻求规范融合。

但是,目前跨国言论对话的多元化特征可能会随着时间推移而消失。随着对话的日趋成熟,更强大的政治和经济激励措施将会出现,法院和其他跨国行为体也会更加积极努力地输出自己的规范。因此,国内对言论相关的法律规范(通过判例法和立法进行发展)和国际人权法(通过像古特尼克这样的案例形成)的理解可能会开始集中在制定单一的规范标准上,各国法院可能会更愿意修改国内规则以适应域外和国际规范。

第四章
跨国司法对话与跨国言论

注　释

〔188〕　Paul Schiff Berman, *The Globalization of Jurisdiction*, 151 U. PA. L. REV. 311, 337(2002).

〔189〕　见 Yahoo!, Inc. v. La Ligue Contre Le Racisme Et L'Antisemitisme, 169 F. Supp. 2d 1181(N. D. Cal. 2001)。

〔190〕　见第四章第一部分。

〔191〕　见第四章第二部分。

〔192〕　例如 ICCPR 有 154 个签字国,见 Office of the United Nations High Commissioner for Human Rights, *Ratifications and Reservations*, http://www.ohchr.org/english/countries/ratification/4.htm(最新修改时间:2004年11月24日),保护公序良俗、自由表达权与隐私权。见 ICCPR,前注 102,第十九条,第 1 段(承认"任何人均有权持有自己的观点,不受他人干涉");同上,第十九条,第 2 段(承认"自由表达权包括利用任何媒介搜索、接收、获知各种信息与观点,不受地域限制");同上,第十七条,第 1 段("不许任意或非法干涉他人隐私、家庭、住宅及通信,不许非法诋毁他人荣誉及名誉");同上,第十七条,第 2 段("任何人在遭遇上述干涉或诋毁时,均可申请法律保护")。

〔193〕　关于死刑问题的国际条约,见 Amnesty International, *The Death Penalty*: *Ratification of International Treaties*, http://web.amnesty.org/pages/deathpenalty-treaties-eng(最近访问:2005 年 1 月 1 日)。

〔194〕　见后注 263—271 及对应正文(针对跨国言论问题,澳大利亚高级法院迈克尔·科比法官采纳 ICCPR 条款的尝试)。

〔195〕　法院依赖创新的司法解释、司法礼让的情况与关于死刑问题进行司法对话严重冲突,因为在进行对话时,法院主要依据比较法去解释对话内容,并归纳由此产生的法律规范。当然,这些对话模式并非相互孤立的。正如笔者在后注 284—286 及对应正文中所主张的{ Bangoura v. Washington Post, 〔2004〕 235 D. L. R. (4th) 564

规范协调与角色选择
跨国司法对话在制定与施行国际法中的作用

(Ont. Super. Ct. Justice)],由于关于跨国言论的司法对话正蓬勃发展,法院极有可能在对话中更倾向于依据比较法。

〔196〕 Edmund L. Andrews, *Germany Charges Compuserve Manager*, N. Y. TIMES,1997 年 4 月 17 日,第 19 版。根据该案刑事起诉书,德国控告 Compuserve 公司管理者费利克斯·索姆(Felix Somm)传播儿童色情作品,因为 Compuserve 公司未能阻止对提供儿童色情作品网站的访问。同上。

〔197〕 *Australian Faces Trial for Holocaust Denial*, REUTERS, 2000 年 12 月 14 日("德国联邦最高法院作出裁定:根据德国法律规定,该当事人涉嫌煽动种族仇恨,因为德国互联网用户可以访问这些否认纳粹期间数百万犹太人遭遇屠杀的材料。"),见 Berman,前注 188,第 341 页脚注 98。德国内政部部长同样声称正在考虑"根据德国民法起诉右翼网站的成立者——虽然这些网站的大本营在美国,但已经对德国产生了影响"。Ned Stafford, German Official Seeks Help to Shut U. S. -Base Hate Sites, NEWSBYTES, 2001 年 8 月 6 日, LEXISNEXIS News Library, Newsbytes File[引用内政部部长奥托·席里(Otto Schily)的发言];另见 Berman,前注 188,第 341—342 页。

〔198〕 见 Press Release, Council of Europe, The Council of Europe Fights Against Racism and Xenophobia on the Internet(2002 年 11 月 7 日)[简称为"Council of Europe Press Release"], 见 http://press. coe. int/cp/2002/554a(2002). htm。该议定书要求成员国签字,承诺禁止"通过电脑系统实施的种族主义行为及仇外的行为"。Additional Protocol to the Convention on Cybercrime, Concerning the Criminalisation of Acts of a Racist and Xenophobia Nature Committed Through Computer Systems, 2003 年 1 月 28 日, art. I, Europ. T. S. No. 189 [简称为"European Cybercrime Protocol"], 见 http://conventions. coe. int/Treaty/en/Treaties/Html/189. htm。截至目前,23 个欧洲委员会成员国已经签署该议定书,但尚未正式批准。Council of Europe, Treaty Office, 见 http://conventions. coe. int/Trea-

第四章
跨国司法对话与跨国言论

ty/EN/CadreListeTraites.htm(最近修改时间:2005年3月1日)。该议定书一旦经5个国家正式批准,即立即生效。European Cybercrime Protocol,前注,第十条,第一段。美国、加拿大、日本、墨西哥和南非均以欧洲委员会观察员的身份参与讨论了该条约。见 Council of Europe Press Release,前注。该议定书仅适用于"故意"行为;因此,根据委员会的解释:"如果互联网服务提供者只是充当访问问题网站和新闻编辑室的媒介,或设立的网站及新闻编辑室存在禁止内容的,则不用承担刑事责任,除非根据国内法构成故意传播种族信息、仇外信息的行为。"同上。尽管委员会作出了上述保证,但互联网服务提供者依然认为该议定书规定得过于模糊,以至于无法确保其能够免于承担责任。该议定书受到了隐私权倡导者、电信公司及安全提供者的大力批判,在美国尤甚。见 Margret Johnston, Europe's Cyber Crime Treaty Criticized, INFOWORLD DAILY NEWS,2000年12月8日,LEXISNEXIS News Library, InfoWorld Daily File。

〔199〕 169 F. Supp. 2d 1181(N. D. Cal. 2001)。

〔200〕 巴黎大审法院(Tribunal de Grande Instance de Paris)就强制令问题下达了两个命令。见 T. G. I. Paris,2000年5月22日,Ordonnance de Référé, UEJF & LICRA v. Yahoo!, Inc., Nos. 00/05308, 00/05309;T. G. I. Paris,2000年11月20日,Ordonnance de Référé, UEJF & LICRA v. Yahoo!, Inc., No.00/05308。上述两个判决均可在 http://www.jurisom.net 网站上找到。

〔201〕 见巴黎大审法院,2000年11月20日。

〔202〕 同上。法院指出雅虎公司承认其运营的网站在某种程度上面对法国用户:当系统识别出用户位于法国时,雅虎网站会自动将广告文字转换为法语。同上。

〔203〕 同上。

〔204〕 Yahoo!, Inc. v. La Ligue Contre Le Racisme Et L'Antisemitisme, 169 F. Supp. 2d 1181(N. D. Cal. 2001)。

〔205〕 同上,第1188页。法国方面宣称美国法院并未面临任何"实际争端",因为法国针对此事件的审理尚未完结。同上。

〔206〕 同上,第1191页。法国方面主张"雅虎只是不满意法国诉讼的结果,并且试图在美国法院得到更有利的判决"。同上。

〔207〕 同上,第1188页。雅虎最初就法国法院于2000年5月22日下达的命令进行了上诉,但在一年之后撤回了上诉申请。在加利福尼亚州法院作出判决之时,雅虎在法国的所有上诉事宜皆处理完毕。同上。

〔208〕 同上,第1189页。虽然法院承认法国方面提出的管辖权异议非常有"吸引力",可以使其避免就这一敏感且有争议的问题作出判决,但该法院依然处理了雅虎公司的主张。同上,第1188页。

〔209〕 同上,第1189—1190页[Elrod v. Burns, 427 U.S. 347(1976年)]。

〔210〕 169 F. Supp. 2d,第1187页。在雅虎案中,法院对那段反映出法国对仇恨言论态度的惨痛历史表示理解与同情:

> 这不仅仅关系到法国或任何国家自决本国法律及社会政策的权利。作为一个主权国家,其基本职能之一即是通过法律规定在其领土内可以表达何种言论或实施何种行为。对于大部分美国人来说,纳粹给法国国民带来的阴影是无法想象的,因此,法国必然有权制定和实施相关法律,而法国法院在本案中也正是依据这些法律进行的判决。

同上,第1186页。

此外,法院明确指出适用第一修正案以解决当前问题的应当是美国法院,而非法国法院。在驳回法国请求本案法院放弃行使管辖权的诉求时,法院评论道:

第四章
跨国司法对话与跨国言论

> 雅虎在本案中寻求宣告性救济并不涉及再次起诉问题，也不影响法国法院对于雅虎公司在法国境内实施的行为根据本国法作出的判决。换言之，当前诉讼的目的是判断美国法院是否能在不违反第一修正案的情况下执行法国判决。本案涉及不同的法律问题……美国法院最好根据本案实施适用美国宪法。

同上，第1191—1192页。
〔211〕 同上，第1194页。
〔212〕 同上，第1192页。
〔213〕 同上。
〔214〕 同上，第1193页。法院表示：

> 在这一领域限制运用礼让原则是合理的。"当外国判决符合该国标准却违反美国宪法对言论自由的保护时，承认这些判决就会严重损害第一修正案中对于言论自由的保护。"

同上［Bachchan v. India Abroad Publ'ns, 585 N.Y.S. 2d 661, 665 (N.Y. Sup. Ct. 1992)（已对原文进行更改）］。

〔215〕 第九巡回法院根据程序问题驳回了联邦地方法院的裁决。见 Yahoo!, Inc. v. La Ligue Contre Le Racisme Et L'Antisemitisme, 379 F. 3d 1120（第九巡回法院，2004年）。巡回法院裁定地方法院对涉及法国联盟的案件没有管辖权，因为法国联盟尚未与平台建立"最低联系"。同上，第1126页。雅虎公司于2003年在法国法院这场旷日持久的争端中胜诉。雅虎公司试图将争端移交给美国法院的行为激怒了法方，于是后者提起了单独刑事诉讼，指控雅虎公司及其总裁蒂莫西·库格尔（Timothy Koogle）通过在网站上卖纳粹纪念物，"将战争犯罪及反人道主义犯罪合理化"。见 Jon Henley, Yahoo Cleared in Nazi Case, GUARDI-

规范协调与角色选择

跨国司法对话在制定与施行国际法中的作用

AN(UK),2003年2月12日,http://www.guardian.co.uk。2003年5月,法国法院驳回了这一起诉,裁定雅虎公司的行为不构成"将战争犯罪合理化";要构成这一犯罪,需要"赞美至少以支持的态度对待该犯罪"。Peter Piazza, *A Legal Victory for Yahoo*!, SECURITY MGMT.,2003年5月,第36页。一位法律专家指出,法国法院避免卷入管辖权争议的行为是明智的:"法国法院技术性地避免了这个问题……法国法院一向技术性地避免这些问题,选择剖析书面意思而非作出有争议的司法判决,这是非常明智的。"同上[美国律协计算机法律部门(ABA's Computer Law Division)主席比尔·科特斯(Bill Coats)的发言]。

〔216〕 〔2002〕41 C.H.R.R.D/274(加拿大人权法院),见 http://www.chrt-tcdp.gc.ca/decisions/docs/citron-e.htm。

〔217〕 同上,加拿大人权法院对所有根据加拿大人权法案提起的诉讼行使管辖权。如果当事人对人权法院判决不满,可上诉至加拿大联邦法院。判决内容见 http://www.chrt-tcdp.gc.ca/index_e.asp(最近访问:2005年1月18日)。本案涉及加拿大人权法案第十三条第一款之规定,内容如下:

> 全部或部分以立法机构允许的通信方式共同传播或重复传播信息,违背禁止性规定将个人或群体强行分类以激发仇恨的,均属于歧视行为。

加拿大人权法案,R.S.C.,ch. H-6,§ 13(1)(1985)(加拿大),见 http://laws.justice.gc.ca。禁止根据下列原因歧视个人或群体:种族、国家或种族血统、肤色、宗教、年龄、性别、性别取向、婚姻状况、家庭状况、残疾及已被赦免的定罪。同上,第三条第一款。

〔218〕 根据 Zundelsite 网站所述,网站的所有人及运营者为一名美国雇员,而非曾德尔,并且该雇员对网站公布的所有内容享有版权。关于该案事实背景的讨论,见 *Zündel*,〔2002〕41 C.H.R.R.D/274,第

第四章
跨国司法对话与跨国言论

18—37段。

〔219〕 同上,第19—20段。

〔220〕 见本书第四章第一部分第1点。

〔221〕 对于外国否认新纳粹及否认大屠杀组织来说,根据美国第一修正案保护条款寻求庇护的情况越发常见。见 Peter Finn, *Neo-Nazis Sheltering Web Sites in the U. S. : German Courts Begin International Pursuit*, WASH. POST, Dec. 21, 2000, at A1(在德国境外运营,却面向德国人的新纳粹网站近800个)。

〔222〕 〔2002〕41 C. H. R. R. D/274,第41段。

〔223〕 同上,第234段。在作出判决时,法院大段地讨论了有关仇恨宣传结果的专家研究(同上,第121—155段),并且承认这种仇恨言论"对社会造成严重威胁"。同上,第192段{Canada(Human Rights Comm'n)v. Taylor,〔1990〕3 S. C. R. 892(加拿大)}。法院同时指出,在解释人权法时,"应当'有意识地使其符合最终立法目的'。因此,应当以更为广泛和自由的方式解释加拿大人权法案,即从广义的角度解释权益保护,从狭义的角度解释反驳和例外情况"。同上,第74段(脚注省略)。

法院同时拒绝了曾德尔的主张,即加拿大仇恨言论法不适用于互联网言论案件,因为"虽然互联网在发展初期像云一样虚无缥缈,到处都有却又无迹可寻;但随着其逐步发展进化,毫无疑问,互联网必须在各个方面接受相关法律的规制"。同上,第234段。

〔224〕 除了言论自由外,曾德尔还主张加拿大人权法案中的仇恨言论条款违反信仰自由、宗教自由和对生命权、自由权及人身安全的保护,而加拿大公民根据加拿大宪章享有上述权利。见〔2002〕41 C. H. R. R. D/274,第258、281段。

〔225〕 同上,第177段(*Taylor*,〔1990〕3 S. C. R.,第919段——加拿大最高法院认为在评估加拿大人权法案第十三条第一款的合宪性时,应考虑国际上对于这一问题的观点和态度)。在曾德尔案中,法院考虑第十三条第一款关于互联网言论规定的合宪性时,参考了美国最

127

规范协调与角色选择
跨国司法对话在制定与施行国际法中的作用

高法院关于互联网的讨论,以及其对雷诺诉美国公民自由协会案[Reno v. American Civil Liberties Union,51 U. S. 844(1997)]的态度。美国最高法院最终认定《通信礼节法》(the Communications Decency Act)中的部分条款规定过于广义和模糊,因此违反了美国第一修正案。见 Zündel,[2002] 41 C. H. R. R. D/274,第 209 段。

〔226〕 [2002] 41 C. H. R. R. D/274,第 239 段。

〔227〕 法院评论道:"我们尤其意识到,在本案中救济权的行使是有限度的。"同上,第 298 段;另见 Peter Cameron, Hate Web Sites Have "No place in Canadian Society": Commission, LONDON FREE PRESS(Ont.),2002 年 1 月 19 日,第 B5 版(引用自一位加拿大人权委员会发言人:"在关于互联网的案件中,我们没有强制执行的经验。"),引自 Berman,前注 188,第 342 页脚注 103。

〔228〕 [2002] 4 I C. H. R. R. D/274,第 300 段。

〔229〕 Dow Jones & Co. v. Harrods,237F. Supp. 2d 394(悉尼,2002 年)。

〔230〕 同上,第 399—400 页。

〔231〕 同上,第 400—401 页。道琼斯公司声称这篇文章体现了"该杂志独有的扭曲且冷漠的幽默感"。同上。

〔232〕 同上。在 2002 年 5 月 13 日的一封信中,哈罗德通知道琼斯公司自己将提起诉讼,并要求道琼斯公司对一些"诉前文件"进行披露,即该杂志的英国订阅者。道琼斯公司并未回应哈罗德的要求,反之于 2002 年 5 月 24 日在纽约南部地方法院提起了诉讼。同上,第 402 页。

〔233〕 同上。

〔234〕 同上。道琼斯声公司称英国诽谤法的规定对被告不利,原因如下:

(1)需要被告举证存在诽谤言论;(2)诽谤构成严格责任侵权,因此原告不需要证明被告存在过错,这与美国第一修正

第四章
跨国司法对话与跨国言论

案中的"实际过错"原则不符;(3)严格限制对表达意见权利的保护;(4)只对有关政府工作人员和公众人物的言论提供有限保护……

同上,第403页脚注18。哈罗德不同意道琼斯公司对英国法的解读。同上。

〔235〕 同上,第418页。法院认为:

> 道琼斯公司的诉求可概括为以下几点:适用《宣告判决法案》(Declaratory Judgment Act, DJA)以此作为防御,使一方诉讼当事人避免任何潜在诉讼带来的费用和不便。从本质上看,法院必须决定是否可以通过《宣告判决法案》达成这一目的,以及若判定一方提出的致害行为(本案中为保护出版权)与第一修正案的相关,这一判定是否会导致产生不同结果。

同上。

〔236〕 同上,第411页。

〔237〕 道琼斯公司辩称,在涉及跨国言论的案件中,在外国法院进行诉讼会"危害第一修正案保护的权利或给其带来负面影响",就此引发审判争端。由于这些案件涉及宪法层面,会导致"危险升级",因此应该降低认定"事实争端"(《宣告判决法案》中的概念)的门槛。同上,第409页。

〔238〕 同上,第410—412页。关于礼让问题,法院指出:"对于诚信条款的宪法限制,尤其在法院所在国看来过分的限制,不适用于国际司法案件中。"同上,第411页。

〔239〕 在哈罗德案中,法院明确考虑到他国法院可能会忽视其下达的禁制令。当道琼斯公司强烈表示英国法院"极有可能"承认这一禁制令时,哈罗德的律师提出:"本案涉及是否能够依据英国法就英国境

规范协调与角色选择
跨国司法对话在制定与施行国际法中的作用

内的出版行为提起诉讼,因此说英国法院会承认及适用美国法院对此问题的判决毫无依据。"同上,第412页。法院表示根据常理和司法实践,道琼斯公司提出的观点是非常站不住脚的。同上。对此,法院进一步评论道:

> 这一诉求的成立有一个可疑的前提,即若英国法院承认美国法律享有更高权威,并对其表示尊重,世界上其他国家法院也会赞同英国法院的做法,进而和本法院一样承认美国法律具有至高无上的约束力,并且遵从美国法律规定。

同上。
〔240〕 同上,第411页。
〔241〕 同上,第428页。法院解释了法律与公共政策问题:

> 当国民在另一国家开展活动且受到该国法律制约时,本国能在何种程度上对其实施保护?当一个国家为行为发生地,另一国为同一行为的结果发生地时,该国是否能够对此行为进行管辖?当本国国民或外国人在境外实施行为,却对本国产生不利影响,该国是否能够对此行为进行管辖?当一些国际争端涉及公认司法缺失,抑或隶属于灰色地带时,哪个国家的法院能够解决这些争端?

同上。
〔242〕 同上。法院也承认在解决跨国争端时,如何合理界定司法作用是一个难题。法院评论道:

> 在这种情况下,相比于法官不能做什么,法官具体起到什么作用则更难预测。在正常情况下,他国法院对合理程序和

第四章
跨国司法对话与跨国言论

正义的判断可能不符合本国"实用性及正义"的标准,他国法院下达的禁令性救济也可能与本国司法承认的权利范围与保障背道而驰。

同上,第428—429页(脚注省略)。

〔243〕 同上,第432—433页(即使当事人意图在美国执行他国法院下达的司法裁定,美国法院也很可能以该裁定违反美国关于自由表达权的规定为由宣布不予承认)。法院进一步阐述道:

出于国家利益的考量,英国在存在有效管辖基础时可能行使管辖权,以保障其居民免受境内诽谤行为带来的负面影响。与此同时,美国则一向热衷于推广第一修正案中规定的广义自由权,保障任何人在美国境内均可享受美国法律的保护,自由行使其基本权利。

〔244〕 同上,第429页。
〔245〕 见 Dow Jones & Co. v. Gutnick, (2002) 210 C. L. R. 575 (奥斯利法律网)。
〔246〕 同上,第609页,第55段。
〔247〕 巴伦在线(Barron's Online)发布了一篇名为《罪恶的收益》(*Unholy Gains*)的文章,宣称居特尼克是一个已被定罪的逃税犯和洗钱犯的"最大的客户"。同上,第594页,第1—2段。
〔248〕 同上,第643—644页,第169段。道琼斯公司坚持声称其无法识别大部分订阅者的地址,但承认有近1700名订阅者在支付订阅费用时使用的是在澳大利亚登记的信用卡。同上。没人知道这些订阅者中有多少人阅读了本案中的诽谤文章。同上。
〔249〕 经意大利处理民事和刑事案件的最高法院判定,意大利法院可以对外国网站行使管辖权,一旦发现其违反意大利诽谤法的规定,

规范协调与角色选择
跨国司法对话在制定与施行国际法中的作用

则有权关停该网站。Cass.[上诉法院] sez. V,2000 年 11 月 17 日至 12 月 27 日, n.4741,译文见 http://www.cdt.org/speech/international/001227italiandecision.pdf。在澳大利亚高级法院对居特尼克案作出判决的三年前,新南威尔士州最高法院得出了相反的结论,并且拒绝对发布诽谤内容的美国网站发布禁令。新南威尔士州最高法院认为对此发布禁令会"将新南威尔士州有关诽谤的法律强加于其他州甚至国家之上",并且超出了该法院的管辖范围。Macquarie Bank Ltd. v. Berg(新南威尔士最高法院,1999 年 6 月 2 日)(奥斯利法律网),相关讨论见伯曼,前注 188,第 339 页。

〔250〕 见 UNIF. SINGLE PUBL'N ACT §2, 14 U. L. A. 375 (1990);RESTATEMENT(SECOND)OF TORTS § 577A(1977)。《加拿大民法典》第 3425 条第 3 款(1997 年)就是根据单次发布规则制定的,内容如下:

> 单次发布行为、展览行为或语言造成侵权损害的,包括发行报纸、图书、杂志,进行演讲,通过广播、电视传播,以及发布动图等,受害人只能择一起诉理由进行诉讼,包括诽谤、中伤、侵害隐私权等,但赔偿数额应当涵盖原告因为此次侵权受到的一切损害。

同上。

〔251〕 见 Gutnick v. Dow Jones & Co. , Inc. , (2001) VLR 305,第 60 段(维多利亚,奥斯利法律网)〔根据几个世纪以来诽谤法之规定,当读者或听众获取且理解该宣传内容时(包括口头和书面),即构成"发布信息",发布地为读者或听众所在地。〕。

〔252〕 *Gutnick*,210 C. L. R. ,第 613 页,第 72 段(科比法官,并存意见)。道琼斯公司主张,随着互联网的发展,"技术能力总量飞速发展,信息随处可见且获取方式非常便利",因此,"应当考虑到互联网

第四章
跨国司法对话与跨国言论

的特征,对早期法律规则进行根本或部分性的审查修改"。同上,第619页,第89段。道琼斯公司要求法院利用普通法的内在灵活性"寻求一种大胆的解决方式"。同上,第619页,第90段。科比法官对道琼斯公司的立场作出如下评论:"即使对于极端不同的情况,普通法也应当适用,这要求法院同发明、发展互联网的技术人员一样大胆创新。"同上。

[253] 210 C. L. R.,第609页,第54段。

[254] 同上,第598—599页,第20段。道琼斯公司辩称,当根据一个司法体系,发布者定位服务者的行为只是"偶然的"或"有机会的",就不应允许该发布者利用这条规则。同上,第598页,第20段。但是法院表示很难定义"偶然的"和"有机会的":

> 如何定义"偶然的"和"有机会的"是有争议的。当发布者决定在某国设置服务者,原因是该国运行成本低或者开展业务带来的收益高时,是否满足上述两个条件?当发布者决定在两个不相关的州甚至国家设置服务者时,是否满足上述条件?还是这只是一个精明的商业决策,以保证服务的安全及持续性呢?

同上,第599页,第21段。

[255] 法院敏锐地觉察到科比法官在其并存意见中提到了"在当事人看来,法院所具备的优势"。科比法官解释道:

> 被上诉方居特尼克有权认定维多利亚诽谤法比美国法对其更有利,因为后者在很大程度上受到美国宪法第一修正案的影响,而第一修正案对于上诉方道琼斯公司是更有利的。因此,本上诉法院不应仅仅考虑法律问题,毕竟利害关系才是更加基本且亟待解决的问题。

同上,第613—614页,第74段(科比法官,并存意见)。

[256] 210 C. L. R,第607页,第44段。

[257] 澳大利亚高级法院的判决受到了来自美国和澳大利亚评论者的广泛批评。一位评论者重述了道琼斯公司的诉求:"在网上发布信息意味着发布者可能随时要面对来自阿富汗到津巴布韦等任何地方的诉讼,并且承担由此产生的费用和麻烦。一些国家将诽谤罪纳入刑法范畴,那么这种承担刑罚的可能性会使外国通信者无法做自己的工作。"Jane Kirtley, *Dangers of a Down Under Download: Australia's High Court Says an Internet Story is "Published" Where It Is Read*, AM. JOURNALISM REV.,2003年3月1日,第58版。在澳大利亚,也有人对这一判决进行了批评。见 Sue Cant, Publish at Your Peril, SYDNEY MORNING HERALD,2003年2月25日,第5版(论澳大利亚境内对这一判决的批评);*Defamation and the Internet*, SYDNEY MORNING HERALD,2002年12月12日,第16版(批判高级法院在此案中的决定,即"这件事归政府管,并非法院")。一位澳大利亚媒体律师评论道:"高级法院失去了一次机会……它们本可以保持中立……但它们却将1849年的一个判决奉为真理,完全没考虑到现在和当时的情况已经截然不同了。"见 Cant,前注。

[258] 戈德隆(Gaudron)法官在第三个并存意见中对这一问题进行了形式主义分析。见210 C. L. R,第610—612页,第56—65段(戈德隆法官,并存意见)。

[259] 同上,第650页,第188段(卡利南法官,并存意见)。卡利南法官引用了罗伯特·H. 伯克法官对"创意市场"说的批判:"创意市场与商品服务市场不同,自查程度是有限的……简而言之,正如当今法院对美国宪法的解释,从法律角度来看,每个创意都是同样珍贵的,因此只有人能对此进行判断。"同上,第650—651页,第188—189段(见 Robert H. Bork, *Adversary Juriprudence*, NEW CRITERION,2002年5月,第6、7、10页。

第四章
跨国司法对话与跨国言论

〔260〕 210 C. L. R. 第651页,第190段(卡利南法官,并存意见)。

〔261〕 同上,第653—654页,第200段。卡利南法官还指出:"这可能会导致本国商业出版人与美国商业出版人相比处于劣势。"同上。

〔262〕 科比法官的言论与学术文章,见新南威尔士法律和审判基础网,http://www.lawfoundation.net.au/resources/kirby/(最近访问:2005年1月18日)。

〔263〕 见210 C. L. R. 第627页,第117段(科比法官,并存意见)("不同司法系统往往反映出本地的法律与文化规范,进而在获取信息权,表达权,保护个人名誉、荣誉、隐私权之间达成不同程度的平衡。正因为这些差异的存在,我们才需要提前制定一套明确且单一的标准,以规制存在争议的行为。")。

〔264〕 同上,第627—628页,第119段。此外,他承认要想就互联网司法权达成协议,其协商过程很有可能是相当漫长的。同上。其他评论家赞同当今社会需要一种国际解决方法,但同时认为短期内并不会找到这种方法。例如,在法院对居特尼克案作出判决的一周后,英国法律委员会发布了一份关于互联网诽谤的报告,其结论是"若想达成一种解决方式,则需要缔结国际协定"。BRITISH LAW COMM'N, DEFAMATION AND THE INTERNET:A PRELIMINARY INVESTIGATION,第6.4段(2002年12月),见http://www.lawcom.gov.uk/files/defamation2.pdf。澳大利亚网络法专家约翰·史温森(John Swinson)认为:"实际上,我们没有机会……这个项目至少需要50年来完成。重点是政府何时能够注意到这个问题,至少目前还没有。"见Cant,前注257。

〔265〕 210 C. L. R. 第119段。科比法官指出:"在实践中,用替代方案制定和谐有效的法律可能会失败,因为在当代公民社会中,互联网本身既可能是国家性的,也可能是国际性的。"同上。科比法官进一步强调,当代社会需要就礼让问题和法律选择问题发展国际习惯法,以促使相关概念能够应对互联网带来的新挑战。同上,第625—626页,第114段。

规范协调与角色选择
跨国司法对话在制定与施行国际法中的作用

在缺乏政策性解决方案的情况下,法律学家已经开始号召国家法院就该问题提出解决方案。例如,D. Johnson & D. Post, *And How Shall the Net Be Governed? A Meditation on the Relative Virtues of Decentralized, Emergent Law*, in BRIAN FITZGERALD & ANNE FITZGERALD, CYBERLAW 123(2002);Dinwoodie,前注28。

〔266〕 210 C. L. R,第626页,第115段(科比法官,并存意见)。

〔267〕 同上,第626—627页,第115—116段。关于前者,一方面,ICCPR认可"每个人都有权持有个人意见,不受外界干扰",同时享有"自由表达的权利……包括通过任何媒介获取、接收和获知各种信息及观点,不受地域限制"。ICCPR,前注102,第19条第1—2款。另一方面,ICCPR规定"不得任意或非法干涉任何人的隐私权、家庭、住宅及通信方式,不得非法侵害任何人的荣誉及名誉",当"受到上述干涉和侵害时,当事人有权申请法律保护"。同上,第17条第1—2款。

〔268〕 ICCPR规定行使自由表达权的同时也要"履行义务,承担责任",应当"遵守法律规定的必要限制……"ICCPR,前注102,第19条第3款。科比法官指出行使ICCPR规定的自由表达权时,要"遵守特定限制……例如尊重他人的权利及名誉"。关于ICCPR保护荣誉及名誉的条款,国家为维护自身立场,必须就互联网诽谤侵权行为提供相应救济。*Gutnick*,210 C. L. R,第626页,第115段(科比法官,并存意见)(引用ICCPR,前注102,第19条,第3款)。科比法官评论道:

> 如果说我们享受了互联网带来的便利,就必须原谅这些错误的行为,因为这是我们必须付出的代价,那么这种说法本身就是不可接受的……澳大利亚普通法的发展符合[ICCPR提出的原则],因此更应该对个人的名誉、荣誉及隐私权提供有效的法律保护。如果澳大利亚或任何协约国没有履行这一义务,那么就应该对自己的错误承担责任。

第四章
跨国司法对话与跨国言论

210 C. L. R.,第626—627页,第115—116段。

〔269〕 210 C. L. R. 第642页,第163—164段。

〔270〕 同上,第642页,第164段。

〔271〕 同上,第643页,第166段。科比法官指出,虽然诉因的多次发表规则在澳大利亚依然饱受批评,甚至有人号召立法以废除这条规则,但澳大利亚立法机构依然没有对此采取任何行动。同上,第631—632页,第128段。他认为:"虽然这并不一定是法院拒绝插手这一问题的原因,但考虑到澳大利亚宪法中规定的议会民主原则,我们用司法程序改变这一基本且长期遵守的法律规则时,的确应当慎之又慎。"同上,第632页,第128段。科比法官同时以一种柔和的语言,表达了对卡利南法官提出的"美国法律霸权"威胁的担忧。同上,第633页,第133段。

〔272〕 见第四章第二部分第1点[Dow Jones & Co. v. Harrods, Ltd. 237F. Supp. 2d 394(悉尼,2002年)]。道琼斯公司本可以采纳雅虎公司的策略(第四章第一部分第1点),在美国法院提起诉讼,要求根据第一修正案宣布澳大利亚判决无效。

〔273〕 见 Press Release, Dow Jones & Co., Alpert v. Australia: Barron's Writer Challenges the Decision of the High Court of Australia over Gutnick(2003年4月15日)(作者存档)[简称为"Dow Jones Press Release(道琼斯新闻稿)"]。

〔274〕 人权委员会的申诉人身份是保密的。然而,在道琼斯新闻稿中,阿尔伯特先生表示:

> 我之所以提起诉讼,是因为担心由于存在限制,我这种金融新闻工作者无法向美国投资人实事求是地报道外国人的相关行动,即这些人正在积极地参与美国市场运作。我甚至担心我们能否对美国公司和商人进行报道,因为这些人可能认为澳洲高院的判决正在号召大家攻击美国新闻界……当原告

规范协调与角色选择
跨国司法对话在制定与施行国际法中的作用

足够有权力且老练时,他们总有办法寻求外国法院的帮助,以扼杀那些仅面向本地读者和本土新闻市场的报道。

同上。

〔275〕 见 Richard Rescigno, *Letter from the Managing Editor*: *Kafka Lives, Down Under*, BARRON'S, 2004年10月25日,第51版。然而,《巴伦斯》(BARRON'S)的编辑并未对此表示惭愧。他认为澳大利亚诽谤法是"过时且琐碎的",因为"这部法律无法让当事人在庭上进行有意义的自我辩护。一旦我们参与审讯,其结果就是可预知的。结果就是和解,卡夫卡和皮兰德娄正在维多利亚享受生活,并嘲笑这一切"。同上。关于和解本身,该编辑评论道:"虽然我们为居特尼克支付了15万美元的诉讼费用,但没有支付任何损害赔偿,也没有进行道歉。"同上。

〔276〕 对 ICCPR 相关条款的讨论,见前注267—268。

〔277〕 见 Dow Jones Press Release,前注273(引用威廉·阿尔伯特的发言)。

〔278〕 Bangoura v. Washington Post, [2004] 235 D. L. R. (4th) 564(最高法院法官)。

〔279〕 同上,第22、31段。

〔280〕 同上,第7—9段。

〔281〕 同上,第11段。

〔282〕 Michael Cameron, Web in a Tangle over Court Case, AUSTRULIAN, 2004年9月23日,第19版。

〔283〕 同上。

〔284〕 见 *Bangoura*, [2004] 235 D. L. R. (4th) 564,第22段。

〔285〕 见 Berman,前注188。

〔286〕 见前注93(超国家法庭和国际法庭在死刑对话中的作用)。

〔287〕 见第五章第一部分第1点(论"不参加"选项)。

第四章
跨国司法对话与跨国言论

〔288〕 例如,前注266—267及对应正文(在发展澳大利亚关于互联网言论的规范时,澳大利亚高级法院的科比法官未能考虑到ICCPR相关条款)。

〔289〕 因此,法院在参加跨国言论对话时更倾向于遵守以下两个原则:第一,"积极冲突原则,即法官不羞于与同僚进行激烈争执,也不担心彼此之间的关系会彻底破裂"。SLAUGHTER, A NEW WORLD ORDER,前注22,第68页。第二,"多元主义与合法差异原则,即法官认同对同一法律问题存在多种解决方式,且承认这些方式的有效性"。同上。

〔290〕 Dow Jones & Co. v. Gutinick, (2002) C. L. R. 575, 628,第119段(奥斯利法律网站)(科比法官,并存意见)。

〔291〕 European Cybercrime Protocol,前注198;另见前注198及对应正文(对该议定书进行的讨论)。

〔292〕 不是欧洲委员会成员国的国家也可以成为《欧洲议定书》的签约国。见 U. S. Dep't of Justice, Computer Crime & Intellectual Prop. Section, Frequently Asked Questions & Answers: Council of Europe Convention on Cybercrime, http://www.usdoj.gov/criminal/cybercrime/COEFAQs.htm(最近更新:2003年11月10日)〔简称为"DOJ FAQs"〕。美国是欧洲电脑犯罪公约的签字国(the European Convention on Cybercrime, 2001年11月23日, Eruop. T. S. No. 185),但强烈反对仇恨言论议定书。见 DOJ FAQs,前注。

〔293〕 见 Council of Europe, *Protocol Against Racism on the Internet: Paving the Way of for International Co-operation*(2003年2月19日)〔对计算机犯罪专家委员会主席亨瑞克·卡斯佩森(Henrik Kaspersen)的采访〕, http://www.coe.int/t/e/com/files/interviews/20030219_interv_kaspersen.asp。一名欧洲议事理事会成员作出了类似的评论:"如果美国拒绝签署议定书,它必须对整个世界解释为何拒绝就种族主义问题展开合作,以及为何要包庇种族主义网站。"见 Council of Europe, *Racist*

规范协调与角色选择
跨国司法对话在制定与施行国际法中的作用

Propaganda:"*Same rules for the Internet as for Other Media*"(2002年9月27日)[对欧洲议事理事会自由民主改革组西班牙下院议员因格纳斯·盖丹斯(Ignasi Guardans)的采访],http://www.coe.int/t/e/com/files/interviews/20020927_Int_Guardans.asp。

〔294〕 Raustiala,前注34,第43页[一些调控网络(如在环境领域中)属于分散网络范畴,因此,较弱的司法系统不太愿意向美国或欧盟的调控模型进行趋同];另见,同上,第60页(在分散网络中,"虽然可能达成趋同,但可能性不高且进程相对平缓")。

〔295〕 见 Justin Hughes, *The Internet and the Persistence of Law*, 44 B. C. L. REV. 359(2003)("互联网法律逐渐趋同")。

〔296〕 Dow Jones & Co. v. Gutinick,210 C. L. R. 575,627,第117段(澳大利亚高级法院,2002年)(奥斯利法律网)(科比法官,并存意见)。

〔297〕 同上,第629—633页,第123—132段。

第五章 美国法院参与跨国司法对话的新理论:国内法院作为协调者

综上所述,笔者的中心论点以三个前提为基础:第一,国际法的创立和实施以及国内法律和文化塑造是一个共构并相辅相成的过程。第二,参与跨国司法对话的法院可以通过在跨国层面阐明国内规范以此在共构过程中发挥重要作用,从而确保这些规范成为国际法律对话的一部分。第三,法院(以及其他国内组织)之间的跨国对话往往会在国际层面建立趋于统一的主导性的规范标准。

笔者对跨国司法对话的研究也提出了一系列重要的规范性问题。[298]跨国司法对话的出现是否有积极的发展意义?正如全球政府主义者预测的那样[299],这样的对话是否会促使一种"适应差异,但承认并加强共同价值观"的"全球法律共同体"[300]的形

规范协调与角色选择
跨国司法对话在制定与施行国际法中的作用

成?或者,国内法院对不支持此做法的国内民众可能也要强加外国规范的规制,因此,"国际对抗多数主义"[301]批评者是否会对司法对话产生质疑?最后,国内法院如何在国内宪法框架内将其作为跨国行为者的未来角色与其传统角色进行协调?

鉴于上述潜在问题,笔者在本书的最后部分为美国法院参与跨国司法对话构建了一个模型。[302]笔者认为,美国法院(和其他国家的国内法院)不应将自己视为既定国际法规范的被动接受者,而应将其视为国际规范发展动态共构过程的积极参与者。简而言之,法院应将其角色视为国际法律规范与国内法律和文化之间的关键协调者,同时考虑到其在国际规范创建和国际化中的作用。最后,笔者将这种模式应用于最高法院在劳伦斯诉得克萨斯州案和罗珀诉西蒙斯案的判决之中。

一、规范协调及美国的身份

针对任何问题进行的跨国司法对话,美国法院都有三种选择模式。首先,美国法院可以选择无视域外

第五章
美国法院参与跨国司法对话的新理论:国内法院作为协调者

和国际准则,就像大多数美国法院在死刑对话方面的行为模式一样。[303]其次,美国法院可以通过充当跨国维权者,甚至是主要国内准则的倡导者参与特定的司法对话,如美国地方法院可以在雅虎案中做到这一点。[304]最后,美国法院可以允许域外或国际规范对国内法的司法解释产生影响,如最高法院在劳伦斯诉得克萨斯州案和罗珀诉西蒙斯案[305]中所采取的方式。在下文中,笔者将以此对这三种模式进行探讨。

1. 不参与模式

美国法院的第一种选择就是完全不参与跨国司法对话,在多数情况下,这种模式难以奏效。在日益全球化的世界中,许多跨国法律纠纷要求美国法院与外国法院进行一些对话。[306]例如,在跨国公司破产案件中,美国破产法庭有义务与外国法院就案件的处理进行"积极礼让"的对话。[307]在跨国言论的情况中,美国法院可能会被当事人牵涉到跨国对话中,各国利用互相冲突的国内法律和司法机制就互联网言论监管的权力展开跨国竞争。而且,正如笔者的分析表明,美国法院在这种情况下决定是否行使管辖权,也是在决定其在跨国层面是捍卫或拒绝捍卫国内规范的态度。[308]

在笔者看来,即使美国法院可以选择完全不参与诸如基于比较法进行的对话,但在大多数情况下,美国采取此种方式拒绝司法对话的理由也较少。虽然不参与对话确实确保了国内规范与相互冲突的域外或国际准则相互隔离,但它也耗费了巨大的成本。首先,拒绝参与跨国司法对话可能会使美国法院的决策变得贫乏无力。法官和学者都强调,美国法院在自己的决策中倾向于考虑域外和国际法律所带来的好处。[309]但事实上,尽管近期有关最高法院是否可以运用比较法解释宪法的争辩空前,但几乎所有在场的最高法院大法官都依靠域外对这一系列问题的意见作出决定。[310]

接受域外和国际法律并不意味着需要完全与其相一致。相反,这种做法是世界各国法院发展中司法礼让的一个基本要素。[311]正如圭多·卡拉布雷西法官指出的那样,美国法院不再对"宪法司法审查"实施垄断。[312]鉴于美国宪政主义对世界宪法法院的巨大影响,卡拉布雷西法官敦促美国法院更多地关注外国司法意见,并指出:"明智的父母也会毫不犹豫地向他

第五章
美国法院参与跨国司法对话的新理论:国内法院作为协调者

们的子女们学习。"[313]

美国法院拒绝参与司法对话也会对其在制定国际规范过程中发挥的作用产生严重影响。正如美国法院的不参与模式使国内司法决策变得贫乏无力一样,这种模式也会使其国际法律话语权减弱。相比之下,美国法院对国内规范的捍卫或倡导使得国际司法对话的内容更加丰富与多元,甚至在笔者看来,这也有利于美国法院更多地关注少数派的观点。因此,在司法网络对国际法"多元化和情境化"理解过程产生巨大作用的背景下,美国积极参与跨国司法对话有助于其实现跨国政府承诺。[314]

同样重要的是,美国法院的不参与模式大大降低了美国在特定问题上的法律规范预期的国际影响力。本书的案例研究表明,跨国司法对话往往会趋于形成一个统一的主导标准,并且国内法院通过参与跨国对话可以对该标准的制定产生强大的影响。例如,早日积极参与有关某一问题的司法对话,可以确保国内法院对某一特定准则的解释成为主导性规范标准,或者至少确保国内的相关法律规范对主导性国际规范产生影响。[315]

规范协调与角色选择
跨国司法对话在制定与施行国际法中的作用

此外,长期积极参与跨国司法对话的国内法院可能会对国际规范的发展产生更大的影响。加拿大最高法院前法官 L'霍莱克斯-杜贝法官将这一动态过程解释如下:

> 对于寻求比较法资源的法院来说,最有用的是那些自己使用的比较法判例,并且在国际辩论和讨论的背景下对此进行分析。如果法院只注意到国内的内部情况,而忽略了管辖区外的国际辩论和讨论,这更不利于案件的判决。[316]

事实上,L'霍莱克斯-杜贝法官认为,伦奎斯特法院未能参与司法对话,她和其他外国法官认为这是其在世界宪法法院中影响力下降的主要原因。[317]她评论道:

> 我认为,美国最高法院未能参与世界法院之间的国际对话,特别是有关人权问题的对话,正在促使其日益孤立并且国际影响力

第五章
美国法院参与跨国司法对话的新理论:国内法院作为协调者

> 逐渐削弱。美国最高法院未以美国境外的任何规律来寻找立法灵感……这种只关注本国法律的趋势很可能会使美国法院的判决在国际上的影响力减弱。[318]

通过积极参与跨国司法对话,美国法院可以确保美国宪法仍然具有影响力,并且确保美国诸如言论自由之类的关键准则在国际层面得到支持。美国法院和其他组织对这些规范的宣传增加了规范趋同的可能性,也有助于符合美国宪法价值的国际法律规范的形成。

2. 在规范协调中需考虑的因素

鉴于上述原因,美国法院通常应该更主动地参与各种跨国司法对话。在笔者看来,更困难的问题是如何在第二种和第三种模式之间作出选择:美国法院如何决定是否在跨国层面上捍卫某一特定的美国规范?或者根据相互冲突的域外或国际规范来修改该规范?这两种做法都需要法院充当国际规范与国内法律和文化之间的协调者,但二者的结果却截然不同。在规范协调方面,国内法院必须在捍卫国内规范与接受域外或国际准则之间进行适当的平衡。正如笔者下文的论述,一方面,如果国内民众过于支持将国际规范内化为相冲突的国内规范,那么国内法院可能会失去其正统性。另一方面,如果国内法院在跨国司法对话时显得过于孤立,那么其在国际层面的影响力可能会削弱。在本部分中,笔者提出了法院为了达到适当平衡应考虑的若干因素。

(1)评估冲突规范的优势与不足。作为国际和国内准则协调者的法院首先应当评估有关准则的相对优势。例如,在评估某一特定美国规范时,法院应考虑到国内规范制定的历史和文化背景。美国法院可以评估某一特定权利是否符合第十四修正案实质性正当程序的"基本权利"。[319]因此,法院可以评估美国的冲突规范在多大程度上"深深植根于这个国家的历史和传统"中。[320]如果美国的冲突规范"根源于国家传统以及人民的普遍价值追求,那么可以认定该规范是基础准则",因此,法院应该更加谨慎地运用与之相冲突的域外或国际法律准则来修改该准则。例如,在笔者看来,美国关于言论自由的规范当然属于这一类别。

第五章
美国法院参与跨国司法对话的新理论:国内法院作为协调者

此外,法院不仅要细致衡量历史和传统因素,而且要考虑该规范是否与当代美国价值观保持一致。正如"历史和传统是起点,但不是所有情况下实质性正当程序评估的终点",在评估某一特定国内规范的优劣时[321],历史和传统不应总具有决定性作用。

在评估相互冲突的域外或国际准则的优劣时,美国法院可能会考虑如下因素:是否有足够的证据证明该规范是"各个国家普遍和一贯的做法",以使规范达到习惯国际法的地位,或仅仅是限于世界特定地区的规范?同样,其他国家是否通过政治行为(如通过立法或加入国际条约)将国际规范内化,或这种规范的优势主要是基于将规范内化到国内法律体系中?[322]虽然这些因素在任何特定情况下都不会有任何分歧,但它们可以为评估特定国际法律规范的优势或"根源"提供方向。在笔者看来,一项规范越是根深蒂固,美国法院就越应该允许这种规范对相冲突的国内规范进行解释或修改。

(2)需要将"国际对抗多数主义难题"(international countermajoritarian difficulty)纳入考虑因素。在

规范协调与角色选择
跨国司法对话在制定与施行国际法中的作用

国内规范和国际规范进行协调时,美国法院应该考虑到罗杰·阿尔福德所称的"国际对抗多数主义难题"。[323]美国宪法解释中的传统对抗多数主义难题,是指民主制度满足了大众意愿的需求,但随之而来的是需要建立一个能够防止大多数人侵犯少数人权利的政府分支的问题。在美国的宪法体系中,需要采取多种监督方式确保法院不超越其作为对抗多数主义机构的适当界限。[324]

当国内法院被要求在相互冲突的国内和国际准则之间进行协调时,国际上的对抗多数主义难题就会出现。[325]当美国法院依靠国际规范审查国内立法或行政行为时,传统的对抗多数主义难题则会加剧。如果美国政治机构在国际层面上拒绝了有关国际准则,例如,拒绝就此问题签署国际条约或对国际条约的相关事项声明保留,那么该问题就会尤其突出。同样,美国法院的判决在被引入国际法时可能会被批评为双重对抗多数主义,因为这些国际准则是各国法院司法对话作出的一致性结果,而不是像外国立法或行政行为那样是普遍共识。

阿尔福德认为,国际对抗多数主义难题使得运用

第五章
美国法院参与跨国司法对话的新理论:国内法院作为协调者

国际准则解释美国宪法具有合理的质疑性。[326]例如,在死刑方面,国际规范与在国内针对这一问题的共识相关。[327]但是,全球谴责死刑共识"并没有具备各国的共识,并且……在没有各国共识的情况下这一准则难以具有说服力"[328]。此外,阿尔福德认为,无论国际规范与国内规范是否冲突,国内政治机构和联邦都不应妨碍美国法院使用国际准则。[329]

虽然笔者同意阿尔福德的观点,即国际对抗多数主义是一大难题,但笔者认为这只是美国法院在协调国内和国际冲突规范时需要平衡的一个因素,也是其中重要的一个因素。鉴于国际对抗多数主义的困境,即使面对特别强大并被广泛接受的国际准则时,美国法院也应该重视基础性的美国准则。[330]在某些情况下,司法机构确实拒绝将相冲突的国际准则纳入国内宪法。但在其他情况下(如在跨国言论对话中),国际对抗多数主义的难题应该促使美国法院积极参与跨国对话,以此捍卫美国的规范,而非放弃这种对话。[331]

(3)评估国内司法协调能力。美国法院还应从结构上考虑到可能影响其协调国内和国际准则的各种

规范协调与角色选择
跨国司法对话在制定与施行国际法中的作用

能力。例如,美国法院与南非宪法法院不同,美国宪法没有明确授权法院接受域外和国际规范。[332]因此,美国法院不可能像南非法院一样采取比较积极的态度将国际准则引入国内法。[333]另外,美国法院历史悠久、经验丰富、声望较高,这些可能是南非法院和发展中民主国家以及其他新兴宪法法院不具备的优势。[334]因此,美国法院在国内政体中享有一种非正式的合法授权,即在一定程度上可以在宪法缺乏明确规定时援引域外和国际规范。

英国枢密院在英联邦加勒比地区的经验为我们提供了警醒,说明其未能虑及特定的社会环境对接受法律规范的影响,因此会导致一些缺陷。[335]通过1993年以来的一系列裁决[336],枢密院逐步限制了整个加勒比地区可以实施死刑的情况[337]。尽管枢密院没有宣布禁止死刑,但其裁决的效果是使加勒比地区政府执行死刑极为困难。[338]

关于死刑的问题,枢密院似乎主要将其看作是国际准则内化者的角色。在有关裁决中,枢密院经过深思熟虑并普遍采纳了外国法院对死刑的看法。[339]但却极少关注加勒比地区死刑所植根的内部情况,例如

第五章
美国法院参与跨国司法对话的新理论:国内法院作为协调者

加勒比地区的犯罪率极高,因此民众广泛支持该地区应当保留死刑。[340]枢密院也没有试图说明为何禁止死刑可以在加勒比地区适用。枢密院本可以强调加勒比地区废除死刑的特有规范或概念,或者枢密院可以指出死刑本身就是该地区英国殖民主义的残留物。[341]但是,枢密院并未采取这些策略,而是几乎完全依据外国和国际法学家的观点,对该地区的死刑进行限制。[342]

枢密院针对死刑的限制带来了严重的后果,促使加勒比地区的一些国家通告废除其在国际人权条约下的义务。[343]更为重要的是,出于当前的形势,加勒比地区的11个国家同意切断与枢密院的联系,并建立一个新的加勒比地区法院作为该地区的终审法院。[344]因此,枢密院对死刑的裁决从根本上破坏了法院判决的合法性,使得法院几十年来在加勒比地区保护人权的作用灰飞烟灭。

在笔者看来,枢密院在协调国内和国际准则方面至少犯了两个重大错误。首先,枢密院没有考虑其作为英国殖民主义残留物岌岌可危的地位。[345]正如劳伦斯·海弗尔指出的那样:

> 法院的做法远不是采用渐进的方式来引入新的法律规范,而是在违背法律和政治文化的情形下形成强制性规定。即使对于现在的各国法院来说,这种方法也可能被批评为政治上的矫枉过正;但后殖民地法院采用的新规则是将旧殖民地与旧帝国分离的错误法律分界线,这种作为是不明智的。[346]

其次,枢密院对国内政治和文化的现实情况不具有敏感性。因此,它错误地判断了与加勒比地区各国的关系以及这种关系对其决策的影响,也错误地判断它在不影响自己声望的前提下,可以在多大程度上将外国规范内化入加勒比地区的规范中。

二、美国最高法院作为协调者:劳伦斯诉得克萨斯州案

在本书的最后部分,笔者将通过美国最高法院在劳伦斯诉得克萨斯州案[347]以及罗珀诉西蒙斯案[348]

第五章
美国法院参与跨国司法对话的新理论:国内法院作为协调者

中的最后判决透视法院作为国内和国际准则之间协调者的潜在作用。在劳伦斯案中,肯尼迪大法官支持大多数人的主张,援引域外法律的相关规定,认定得克萨斯州禁止同性性行为的法令违宪。[349]肯尼迪大法官援引域外法律主要出于三个目的。

首先,他依靠欧洲的判例法和立法声称,法院在鲍尔斯诉哈德威克案中的早先裁决是在错误的前提下作出的。首席大法官汉堡在审理鲍尔斯案时为了维护反鸡奸法的合宪性时曾辩称,"在整个西方文明的历史中,同性恋行为都是非法的"[350]。在撰写的多数意见中,肯尼迪大法官辩解道:"首席大法官汉堡引用的西方文明史的大量材料……并未将持有相反意见的材料纳入引用范围。"[351]肯尼迪大法官特别指出,在鲍尔斯被判决的五年前,欧洲人权法院在达继恩诉英国案中指出,根据《欧洲人权公约》,北爱尔兰禁止同性恋行为的法律无效。[352]根据欧洲的判例法,肯尼迪大法官在鲍尔斯案中总结道:"鲍尔斯案与达继恩案判决的前提不一致,因为鲍尔斯案的判决前提在西方文明中并不存在。"[353]

其次,肯尼迪大法官利用欧洲在鲍尔斯案之后的判例来证明对鲍尔斯案的裁决是不当的。[354]他列举了三起与鲍尔斯案相似的判例,其中欧洲人权法院在达继恩案中仍采取了相同的观点,并指出:"鲍尔斯案的控诉在其他管辖区已被另行驳回。欧洲人权法院并未遵循鲍尔斯案来审判达继恩诉英国案,而是采用了自己的观点。"[355]

值得注意的是,欧洲人权法院在随后达继恩案的审判中并未明确排斥鲍尔斯案的判决结果。但事实上,在这些判决中并没有提到鲍尔斯案。尽管如此,肯尼迪大法官认为,欧洲人权法院实际上"拒绝"鲍尔斯案,并拒绝在审判中适用此审判结果。他认为,欧洲人权法院的态度证明了鲍尔斯案的判决结果是错误的;此外,他认为外国法院拒绝采纳鲍尔斯案的判决结果与法院决定重新考虑和撤销其早期裁决有关。

最后,肯尼迪大法官援引外国法律说明"我们正在与越来越多的国家共享价值观"[356]。除了讨论欧洲判例法外,肯尼迪大法官还强调说:"其他国家也采取了相关举措,肯定成年同性恋者自愿进行亲密行为的权利。"[357]但在讨论相关的域外法律时,肯尼迪大法官并没有进行传统的比较法分析。例如,他仅仅引

第五章
美国法院参与跨国司法对话的新理论:国内法院作为协调者

用了欧洲人权法院的裁决;但未对欧洲人权法院的推理过程进行探讨,也未说明该推理具有说服力的原因。肯尼迪法官在他的分析中也未采用传统的系谱比较方法。[358]例如,他认为其他国家的法律规范与美国的法律规范是有关联的,因为美国与这些国家有某些历史、法律或文化上的联系。[359]但事实上,他并未具体说明他指的是哪个国家。[360]正如斯卡利亚大法官指出的那样,肯尼迪大法官并未试图解释为什么他更加相信这些特定域外法律规范,而不是那些未保障同性性行为国家的法律规范。[361]

从法院作为国内和国际准则之间协调者的潜在角色来看,肯尼迪大法官对外国先例和做法的讨论尤其感兴趣。他评论说:"上诉人在这起案件中请求的权利已被许多其他国家确认为人类自由的组成部分,但没有证据表明在另外某些国家,政府对限制个人选择的权利在某种程度上是合理或紧迫的。"[362]

通过广泛阅读肯尼迪大法官的相关观点,可以进行如下总结:只要特定准则在全球各国拥有足够数量的拥护者,美国法院就应该高度重视甚至是遵循该准则,除非法院可以提出该准则对美国的法律规范产生威胁的一些迫切理由,也就是说,除非认为美国的法律规范"在某种程度上更加合理或紧急"[363]。换句话说,肯尼迪大法官正在制定一种更加"强大"的国际准则,至少在这种情况下,国内相关法律规范的影响力在一定程度上受到削弱。[364]

多少外国实践才足以支撑相应国际规范的构建?肯尼迪大法官采用了世界上少数几个国家的做法,因为当然没有足够的国家实践支撑保障同性恋亲密行为权的国际习惯法的制定。尽管如此,肯尼迪大法官认为,美国法院应该将美国关于同性恋行为的规范与某些国家的普遍规范协调一致。[365]然而,正如斯卡利亚大法官指出的那样,肯尼迪大法官并没有说明这些国家的规范优先于那些禁止同性性行为国家准则的原因。[366]

肯尼迪大法官在劳伦斯案中对域外法律渊源的分析,显示了美国最高法院几十年来首次对外国先例和宪法判决的实践进行认真的考量。因此,肯尼迪大法官可能试图通过有限的方式对这些先例进行探讨,以此减轻国内对使用外国法律先例的担忧。[367]但是,通过采用这种有限的方式来使用外国先例,肯尼迪大

第五章
美国法院参与跨国司法对话的新理论:国内法院作为协调者

法官的分析未能明确比较法与习惯国际法之间的界限。肯尼迪大法官的做法受到了斯卡利亚大法官的批评,认为他只是在美国人身上"强加国外思维方式、国外思潮或行为方式"[368]。

劳伦斯案揭示了法官在协调国内和国际准则时发挥作用的不同方式。斯卡利亚大法官倡导不参与跨国司法对话来捍卫国内规范。[369]例如,他认为,宪法上的权利不会"因为外国将某行为合法化而存在"[370]。此外,他不赞同法院应该"与越来越多的国家分享价值观"[371]的观点,而认为宪法权利必须"深深扎根于这个国家的历史和传统中"[372]。因此,斯卡利亚大法官专门把这个问题归纳为:美国法院是否应该内化域外和国际规范,但他没有提及美国法院是否可以在制定相关国际规范中发挥作用的问题。

相反,肯尼迪大法官似乎更了解法院作为协调者的潜在作用。[373]他使用外国有限先例做法的成效并不大,主要是因为他没有为美国法院作为协调人的角色作出框架型分析。尽管如此,肯尼迪大法官援引欧洲人权法院鲍尔斯案之前和之后的裁决充分显示,他意识到未来可以期待更广泛的跨国司法对话,并且最高法院也可能参与该对话。此外,他试图评估劳伦斯案中所涉及的国内和国际规范的竞争性优势,这也与笔者的观点不谋而合,即法院应该承担国内和国际准则之间协调者的角色。[374]

三、美国最高法院作为协调者:罗珀诉西蒙斯案

在罗珀诉西蒙斯案[375]的判决中,美国最高法院在重新审视判处青少年犯死刑是否违反第八修正案禁止残酷和异常惩罚的问题时,大大扩大了在宪法解释中对域外和国际法的援引。法院在其1989年对斯坦福诉肯塔基案[376]的裁决中认为,没有充分证据表明全国范围内针对青少年应当禁止死刑已达成共识。[377]西蒙斯在犯罪时已经十七岁,他辩称,自从斯坦福案以来的十五年间,全国已经就禁止判处青少年死刑达成了共识。[378]此外,现在有大量证据表明,在外国判例法和立法以及国际条约中都体现了禁止判处青少年死刑的国际共识。[379]与此同时,在对第八修正案作出解释时,美国的下级法院对于外国和国际法

第五章
美国法院参与跨国司法对话的新理论:国内法院作为协调者

律的相关规定也有很大分歧。[380]因此,在西蒙斯案中,最高法院有机会为针对死刑的跨国司法对话作出贡献,同时也为下级法院在宪法分析中正确援引外国和国际法律提供指导。

肯尼迪大法官在审理西蒙斯案时抓住机会,着手开始一项重要的原则性框架分析,以评估美国法院作为国内和国际准则之间的协调者的角色。肯尼迪大法官在反对有些州判处青少年死刑时,首先明确现在有足够的证据表明"国家对此已经形成了共识"[381]。他还运用心理学数据来支持法院作出的判决,认为死刑对青少年罪犯的惩罚功能高于教育价值。[382]最后,肯尼迪大法官详细研究了国际法和禁止判决少年罪犯死刑的国外做法。[383]他评论道:

> 我们认定死刑对18岁以下罪犯而言惩罚功能明显高于教育价值,美国是世界上唯一仍然对青少年判处死刑的国家。这个现状并非是不可改善的,因为我们可以对第八修正案进行解释。然而,至少在托罗斯诉杜勒斯案中,域外法和国际法对法院解释第八

修正案中"禁止残酷和异常的惩罚"提供了指导。[384]

法院在西蒙斯案中的分析框架,事实上是一种用于协调国内和国际准则相当保守的方法。法院认为,国际规范可以起到确认性的作用,肯尼迪大法官认为:"虽然国际社会的观点没有控制我们的结论,但确实为我们的结论提供了重要的确认性意义。"[385]尽管奥康纳大法官在西蒙斯案中提出异议,但她同意大多数人对于国际舆论作用的看法,并评论说:"国际共识的存在……可以用来证实美国国内共识的合理性。"[386]因此,最高法院的六位大法官认为,国际准则至少在宪法裁决中起着确认性的作用。

如果国际准则只是为法院的结论提供确认,那么,如果国际准则仅仅证实了国内准则的"合理性",为什么还要讨论国际准则呢?毕竟,正如斯卡利亚大法官指出的那样:"其他国家和人民的赞同不应该影响我们自己的原则,否则……我们自己的原则可能会因为其他国家和人民的反对而受到动摇。"[387]此外,不能仅仅当这些准则有助于确认国内准则的合理性

第五章
美国法院参与跨国司法对话的新理论：国内法院作为协调者

时，才援引相关的国际准则；当对国内规范的合理性产生质疑时，援引那些与国内规范相冲突的国际规范可能同样甚至更具有启发性。[388]

然而，为了分析法院作为跨国行为者的潜在角色，可以将法院使用的分析框架视为重要的判断标志。通过将国际准则限制为确认性的作用，法院宣布其打算继续主张使用国内准则解释美国宪法。法院这样做的目的是向国内民众表明其作为国内和国际准则之间协调者新角色的合法依据。[389]与此同时，美国法院向全球其他法院发出了一种非常不同的信号——通过详细讨论国际法和国外禁止判处青少年犯死刑的做法，美国法院同意参加关于死刑的强有力的跨国对话。此外，美国法院表明其愿意参加此对话也表示在其他宪法解释问题上愿意进行更广泛的跨国司法对话。

正因为如此，审理西蒙斯案的肯尼迪大法官开始迅速制定协调国内和国际准则的原则框架，因为他对有些国际准则的分析似乎有些问题。为了确定存在禁止判处青少年罪犯死刑的国际共识，肯尼迪大法官引用了禁止这种做法的各项条约规定，其中包括联合国《儿童权利公约》和《公民权利和政治权利国际公约》中的规定。[390]但他没有充分说明这些条约规定本身对美国没有约束力:美国尚未批准《儿童权利公约》;参议院通过了《公民权利和政治权利国际公约》,但对禁止判处青少年死刑作出了保留。[391]

肯尼迪大法官并未说这些条约条款对美国具有约束力;他只是说,国际上对这些条约的广泛支持就是"国际舆论已形成压倒性的意见——禁止判处青少年死刑"[392]的依据。当然,美国此前的条约制定者并不考虑青少年犯的死刑问题是否与美国宪法一致:这是美国最高法院专属权力范围内的事项,并且笔者认为这决定了法院在作出判决时可以援引相关的国际准则。

尽管如此,当法院利用条约来理解国际规范时,至少美国条约制定者的先前行为有权受到一定程度的尊重。在没有充分承认美国条约制定者拒绝同意这些条款的情况下,审理西蒙斯案的法院通过引用条约的规定分析国际规范的合法性容易受到质疑。此外,利用这些条约规定来推理禁止青少年死刑已形成国际共识似乎站不住脚。事实上,美国一直以来的反

第五章
美国法院参与跨国司法对话的新理论:国内法院作为协调者

对者得出了相反的结论:禁止判处青少年罪犯死刑缺乏全国共识,或者说根本就不存在这种共识。[393]

无论如何,肯尼迪大法官对各项国际人权条约的探讨似乎没有必要建立在存在禁止判处青少年罪犯死刑国际共识的基础上。事实上,当仅讨论个别国家的做法时,他对国际舆论的分析就非常有说服力。例如,他指出,自1990年以来,只有七个其他国家判处青少年犯死刑;所有这些国家之后都反对这种做法或将其在法律上予以废除。[394]在笔者看来,这种简单直接的国家实践分析比探究国际条约的规定要有效得多,"美国现在成为世界上唯一一个判处青少年犯死刑的国度"[395]。

罗珀诉西蒙斯案显示法院内部对于美国法院作为跨国行为者参与规范竞争的观点也有所分歧。斯卡利亚大法官持反对意见,他赞同法院三位大法官通过不参与个人权利有关的跨国司法对话捍卫国内规范。但法院另外六位大法官不同意此种观点,他们认为国际准则在宪法裁决中至少能够发挥一定的作用。此外,大多数法官已开始为美国法院制定一个分析框架以此来协调国内和国际准则。

最重要的是,西蒙斯案表明法官们深知美国法院

规范协调与角色选择
跨国司法对话在制定与施行国际法中的作用

参与跨国司法对话需要进行微妙的平衡。[396]虽然法院对国际法来源的分析仍然存在一些问题,但显然,在协调国内和国际准则时,法院将确保国内准则仍然占主导地位。例如,肯尼迪大法官强调:"美国宪法中的理论和承诺是美国历史经验的核心,对我们今天的自我定位和国家认同仍然至关重要。"但他认为,对国际规范的尊重不一定需要削弱宪法的特有性质来表达美国的观点:

> 对国际规范的尊重并不会削弱我们对宪法的忠诚或者我们对国家的自豪感,认同其他国家和人民的某些基本权利只是强调这种权利在我们自己的自由准则中的中心地位。[397]

第五章
美国法院参与跨国司法对话的新理论:国内法院作为协调者

注 释

〔298〕 SLAUGHTER, A NEW WORLD ORDER,前注22,第75—78页(将外国法律渊源视为权威的合法性)。

〔299〕 Slaughter, *The Real New World Order*,前注29,第189页。

〔300〕 Slaughter, *Judicial Globalization*,前注16,第1124页("宪法法院,以及任何考虑宪法问题的法院正在从一种深度多样化和背景化的角度理解人权法,这种理解超越了国家、文化、国家和国际体制的限制。")。

〔301〕 Roger P. Alford, *Misusing International Sources to Interpret the Constitution*, 98 AM. J. INT'L L. 57,第58—61页(2004年)(国际反多数主义难题)。

〔302〕 跨国司法对话所引起的各种合法性问题不在本书的研究范围内。笔者将在接下来的文章中详细论述这些问题。

〔303〕 见 Koh, *Decent Respect*,前注20,第1101—1103页{历史上美国法院对关于死刑问题的外国法及国际法的态度。自从最高法院对斯坦福诉肯塔基州案〔Stanford v. Kentucky, 492 U. S. 361(1989)〕作出判决后,"美国对于死刑的法理研究就不再参考人类观点了"};另见第三章。

〔304〕 见第四章第一部分第1点。

〔305〕 见第五章第二部分。

〔306〕 见 Sandra Day O'Connor, Keynote Address Before the Ninety-Sixth Annual Meeting of the American Society of International Law(2002年3月16日), in 96 SOC'Y INT'L L. PROC. 348,350(2002年)〔美国法院接到的国际诉讼数量日益增多,"因为国际法不再局限于条约或贸易合约中规定的内容。并且,菲利普·捷赛普(Philip Jessup)提出当今跨国界行为或事件也需要遵守特定规则,而这些规则已经具备国际法的特质"〕。

规范协调与角色选择
跨国司法对话在制定与施行国际法中的作用

〔307〕 前注 34 及对应正文(论破产案件中的"积极礼让"问题)。在处理根据《外国人侵权索赔法》和《虐待受害者保护法》提起的国际人权诉讼时,美国不能视国际法规定于无物。见 O'Connor,前注 306(原文误为 298),第 350 页("虽然无权管辖此类诉讼的下级法院法官明确要求最高法院阐释这些法规,但最高法院尚未采取任何行动。这些联邦法院别无选择,只能处理基于《外国人侵权索赔法》提出的诉讼,尽管它们在这样做的时候并未完全意识到国际法领域默认的规范。")。

〔308〕 见第四章。

〔309〕 见 O'Connor,前注 306,第 350 页("美国法院尚未发展出一套健全的跨国法律理论……目前,最高法院在解释我国宪法和相关法律时并不愿参照国际法或外国法中的规定。解释本国法律是我们的义务;既然很多杰出的法学家已经对同样的问题进行了深入思考,我们就应当向其求教。");William Rehnquist, Constitutional Courts: Comparative Remarks, Address in Commemoration of the Fortieth Anniversary of the German Basic Law(1989 年 10 月 23 日), in GERMANY AND ITS BASIC LAW: PAST, PRESENT, AND FUTURE: A GERMAN-AMERICAN SYMPOSIUM 411, 412(Paul Kirchhof & Donald P. Kommers eds. 1993)("在近一个半世纪中,行使司法审查权的美国法院并没有先例可供参考,因为只有我国法院可以行使这项权力……然而,目前很多国家都有了自己的宪法,因此,美国法院在审理过程中也应当参考其他国家宪法法院作出的判决。");Fontana,前注 20,第 542 页(美国法院在进行比较宪法分析时,应当采取一种"精致的比较主义"方式);Mark Tushnet, *The Possibilities of Comparative Constitutional Law*, 108 YALE L. J. 1225(1999)。

〔310〕 见 Fontana,前注 20,第 545—549 页(详尽地论述了当今最高法院法官在各种情况下依据比较宪法作出的判决)。

〔311〕 关于司法礼让的发展,见前注 33—38 及对应正文;另见 Slaughter, *Judicial Globalization*,前注 16,第 1112—1115 页(论司法礼让在跨国司法合作中的作用)。

第五章
美国法院参与跨国司法对话的新理论:国内法院作为协调者

〔312〕 United States v. Then,56 F. 3d 464,468-69(第二巡回法院,1995年)〔卡拉布雷西(Calabresi)法官,并存意见〕;另见,Slaughter,*Judicial Globalization*,前注16,第1119页(论卡布雷西法官的观点)。

〔313〕 *Then*,56 F. 3d,第469页。

〔314〕 Slaughter,*Judicial Globalization*,前注16,第1124页。

〔315〕 例如,在1995年宣布死刑无效的意见中,南非宪法法院对相关外国法和国际法规定进行了讨论,被认定为迄今为止最为详尽的分析。State v. Makwanyane,1995(3)SALR 391(CC)(南非)。自此,这一意见在各种场合被广泛引用,因此对后来关于这一问题的司法争论产生了巨大影响。例如,史蒂文斯大法官引用了这一意见,以支持最高法院应当考虑延期执行死刑是否构成残忍或不常见的惩罚方式。见 Gomez v. Fierro,519 U. S. 918,919,n. 3(1996)(史蒂文斯大法官,反对意见)。斯蒂文斯大法官评论道:"令人难过的是,法院不仅拒绝听取这些诉求,并且对其他国家法院认定有说服力的主张置若罔闻。"同上。

〔316〕 L'霍莱克斯-杜贝,前注24,第38页。事实上,加拿大最高法院作为跨国司法对话的积极参与者,已经就人权问题成为了世界范围内最有影响力的国内法院之一。在笔者看来,这主要归功于澳大利亚最高法院寻求各种与外国法院进行对话的机会,并且在判决中对外国及国际法律渊源加以运用。在此过程中,加拿大最高法院和其他"游戏参与者"提高了其判决为外国法院考虑和采纳的可能性,并借此影响有关各种问题的国际法规范的发展。

〔317〕 同上,第37—40页。(伦奎斯特法院"未能参与国际对话","这大大贬损了伦奎斯特法院的影响力;而是否参与对话是由法官全权决定的")。L'霍莱克斯-杜贝法官解释道:"一些美国判决未能阐述本国与他国法律系统的相似性与区别,因此,相比于考虑到世界司法体系和其他国家司法系统的美国判决,其影响力就会低很多。"同上,第38页。澳大利亚高级法院的迈克尔·科比法官也指出美国法律在国际上的影响力逐渐降低。见科比,前注38,第291页。("根据我的经验,

规范协调与角色选择
跨国司法对话在制定与施行国际法中的作用

美国的问题之一在于与其他国家律师相比,美国律师受到外界冲击的机会较少,因此很少改变自己的思考模式……我认为在当前快速发展的世界中,美国法律很可能变成一潭死水,这是非常危险的……我们必须意识到亚洲、拉美和非洲法律体系的重要性。")

〔318〕 L'霍莱克斯-杜贝,前注24,第37页。

〔319〕 见 Washington v. Glucksberg,521 U. S. 702,721(1997)〔引用 Moore v. East Cleveland,431 U. S. 494,503(1977)(多数意见)〕。

〔320〕 见 Reno v. Flores,507 U. S. 292,303(1993)¦引用 United States v. Salerno,481 U. S. 739,751(1987)〔引用 Snyder v. Massachusetts,291 U. S. 97,105(1934)〕¦。

〔321〕 Lawrence v. Texas,539 U. S. 558,572(2003)〔引用 County of Sacramento v. Lewis,523 U. S. 833,856(1998)(肯尼迪大法官,并存意见)〕。

〔322〕 笔者在讨论世界反多数主义困境时论述了这些因素的重要性。见第五章第一部分第2点b项。

〔323〕 见 Alford,前注301,第58—62页。奥尔福德特别注重运用国际协定规范宣传美国宪法的保护范围,并指出协定规范反映出"关于优良公正社会所具备的条件"这一问题的国际多数观点。同上,第58页。但当国际多数观点与国内多数观点相悖时,就出现了国际反多数主义困境:"即一些宪法条文包含社会标准,并且我们认为这些标准符合国家实践中反映出来的多数价值观。"同上,第59页。因此,在奥尔福德看来:"国际反多数主义困境的存在说明当国民没有将国际规范内化为社会标准时,国际规范就无法内化入我国宪法。换言之,除非国际标准反映我国实践,否则它就不能被视为社会标准。"同上。

〔324〕 见 Barry Friedman,The History of the Countermajoritarian Difficulty,73 N. Y. U. L. REV. 333(1998)。

〔325〕 作为反多数主义困境的例证,奥尔福德引用了关于死刑问题相互冲突的国际法规范与美国规范。见 Alford,前注301,第59页。

第五章
美国法院参与跨国司法对话的新理论：国内法院作为协调者

〔326〕 同上。

〔327〕 同上,第60页。奥尔福德认为美国最高法院采用了阿特金斯诉弗吉尼亚案[Atkins v. Virginia,536 U.S. 304(2004)]中的处理方式。同上(审理阿特金斯案的法院"认为存在一种国内共识,并且这种共识符合关于这一问题达成的更大范围共识")。

〔328〕 同上,第60页;另见,同上("关于礼仪的主权表达反映出宪法标准,当不具备约束力的条约规范与上述表达相符时,就不再构成共识的一部分。")。

〔329〕 同上,第61页。奥尔福德评论道:"依照世界礼仪标准作出判决会破坏联邦约束条件中对于主权的内在限定,而这些限定之所以存在,就是因为要尊重各州规定对于某种犯罪行为应该施加何种刑罚这一保留权力。"同上。

〔330〕 一些学者和人权律师认为,美国法院应当将国际习惯法规范纳入美国法律体系,即使行政机构对这些国际规范的内容表示反对。例如,在比尔诉米切尔案[Buell v. Mitchell,274 F.3d 337(第六巡回法院,2001年)]中,刑事被告人诉请第六巡回法院推翻允许适用死刑的法律,主张禁止死刑已经构成国际习惯法规范;虽然美国一直通过对《公民权利与政治权利国际公约》等行使保留权,以反对这一国际法规范,但是美国法院应当将其纳入美国法律体系中。法院驳回了这一诉求。同上,第370—376页。

〔331〕 美国最高法院在近期判例法中指出,双方法官都意识到外国规范和国际规范具有反多数主义性质,并且在讨论是否应当在解释美国宪法中参照外国及国际法律渊源时考虑了这一因素。见第五章第二部分。

〔332〕 见《南非宪法》,第2章第39条第1款b项(法院应当在解释南非人权法案时"考虑国际法规定");同上,第14章第233条(法院应当尽可能解释国内法使其符合国际法规定)。

〔333〕 劳伦斯·埃尔菲尔指出,评估国内法院能够在何种程度上

规范协调与角色选择
跨国司法对话在制定与施行国际法中的作用

"传送国际及外国法律概念"时存在结构性差异,不同国家承担的风险也不尽相同。Helfer,前注 93,第 1891 页。在他看来,"采用二元司法体系,严格区分国内法与国际法,或限制法院执行国际承诺权限的国家承担的风险最大"。同上。此外,"如果宪法规定法院必须参考外国及国际法律渊源(如南非),那么国内反抗依据这些渊源作出的判决的程度就会低很多"。同上。

〔334〕 见前注 133—137 及对应正文(参与跨国司法对话对新成立的宪法法院的积极影响)。

〔335〕 Helfer,前注 93(详细研究枢密院在加勒比共和国制定的判例法)。虽然加勒比共和国各州已于二十世纪六十年代从英联邦中独立出来,但仍然将枢密院作为最高上诉法院(事实上也是宪法法院)。同上,第 1865 页。

〔336〕 Pratt v. Attorney-General for Jamaica,〔1994〕2 A. C. 1 (P. C. 1993)(自牙买加法院上诉)。

〔337〕 Helfer,前注 93,第 1868—1881 页(枢密院裁定及加勒比国家对这一裁定的回应)。

〔338〕 同上,第 1872—1880 页(讨论普拉特案和加勒比国家试图以与枢密院裁定一致的程序适用死刑)。

〔339〕 前注 122 及对应正文(枢密院根据外国及国际法律渊源对普拉特案进行判决)。

〔340〕 在加勒比共和国境内,70%—90% 的公民支持适用死刑。见 Helfer,前注 93,第 1868—1869 页(国内支持适用死刑以降低加勒比地区的高犯罪率)。

〔341〕 例如,在宣布死刑无效的意见中,南非宪法法院在高度依赖外国法及国际法律规范的同时,也着重从非洲"乌班图"(ubuntu)的角度分析为何应当减少适用死刑。例如,State v. Makwanyane,1995(3) SALR 391,第 223—227 段(CC)(南非)。立陶宛宪法法院在宣布国内死刑法无效时,同样强调死刑是苏维埃占领时期的遗留物,是当局镇压

第五章
美国法院参与跨国司法对话的新理论:国内法院作为协调者

政治反对者的手段。见《立陶宛宪法法院关于死刑问题的裁定》,前注94,第4部分,第3条第3款。

〔342〕 加勒比政府官员对这些判决进行了强烈抨击。例如,巴巴多斯(Barbados)总检察长控诉枢密院采用了"英国及欧洲中心概念"。见 Press Release, Amnesty Int'l, English Speaking Caribbean: New Court to Replace Privy Council-Must Uphold Standards(2001年2月15日)(引用巴巴多斯总检察长的发言),见 http://web.amnesty.org/pages/deathpenalty-index-eng;另见 Press Release, Amnesty Int'l, Jamaica: Keep State Killing out of Politics(2002年9月18日)(引用牙买加首相的发言:"在一个接一个的案件中,枢密院逐渐使死刑判决变得不可能。这种行为正在破坏我们国家法律系统的基础。"),见 http://web.amnesty.org/pages/deathpenalty-index-eng。

〔343〕 例如,牙买加退出了 ICCPR 任择议定书,就此禁止死囚区人员向联合国人权委员会寻求救济。见 Helfer,前注93,第1881页。特立尼达和多巴哥甚至公开谴责任择议定书和《美洲人权公约》中规定的内容,并表示不再适用,就此禁止死囚区人员向美洲人权委员会寻求救济。同上。

〔344〕 见 Helfer,前注93,第1884页,第225—227段。

〔345〕 根据法院对埃尔菲尔案的判决,"只要枢密院的判决符合本地价值观,那么伦敦法院上诉判决的效力就高于本法院判决的效力,因为那里的法官不仅博学,并且不会受到本地政客的影响。而一旦枢密院阐述的规范与本地价值观相悖,即认为该法院在将'欧洲中心论和价值观强加于本地区',借此推行帝国主义政策"。Helfer,前注93,第1888页(脚注省略)(对原文进行更改)。

〔346〕 同上,第1889页。

〔347〕 539 U.S. 558(2003).

〔348〕 125 S. Ct. 1183.

〔349〕 见 *Lawrece*,539 U.S.,第576页。

〔350〕 Bowers v. Hardwick, 478 U. S. 186, 196(1986),判决被劳伦斯案推翻,539 U. S. 558。

〔351〕 *Lawrece*,539 U. S.,第572页。

〔352〕 同上,第573页[引用Dudgeon v. United Kingdom,45 Eur. Ct. H. R. (ser. A)(1981)]。

〔353〕 539 U. S.,第573页。

〔354〕 有趣的是,肯尼迪大法官认为自己对于外国判例法的论述是合理的,理由如下:"近期法院对计划生育诉凯西案的判决[Planned Parenthood,505 U. S. 833 (1992)]和罗默诉埃文斯案的判决[Romer v. Evans,517 U. S. 620(1996)]已经严重破坏了鲍尔斯案(*Bowers*)奠定的基础。当判例的效力被削弱时,其他法律渊源则更为重要。"539 U. S.,第576页。

〔355〕 539 U. S.,第576页[引用P. G. & J. H. v. United Kingdom, 230 Eur. Ct. H. R. (2001); Modinos v. Cyprus, 259 Eur. Ct. H. R. (1993); Norris v. Ireland, 142 Eur. Ct. H. R. (1988)]。

〔356〕 *Lawrece*,539 U. S.,第576页。

〔357〕 同上。为了支持这一主张,肯尼迪大法官引用了玛丽·罗宾逊等法庭之友提交的简要诉状,第11—12页,*Lawrece*(No.02-102)。见539 U. S.,第576—577页。肯尼迪大法官引用了该简要诉状第11—12页的内容,法庭之友在这一部分讨论了联合国人权委员会的一起判决,即澳大利亚法律中禁止男性之间所有性行为的规定违反ICCPR第17条之规定("不得任意或非法干涉任何人的隐私")。见玛丽·罗宾逊等法庭之友提交的简要诉状,第11—12页。肯尼迪大法官引用的这部分内容同时指出加拿大、新西兰和以色列已经废除了有关禁止同性之间自愿性行为的规定,南非宪法法院也判定这种条款违宪,因此无效。同上。该简要诉状在剩余部分讨论了在澳大利亚、哥伦比亚、厄瓜多尔、斐济和瑞士等地各种保护同性恋权利的立法及司法诉讼。同上。

〔358〕 采纳系谱比较主义的法院"会参照比较宪法,因为观点输

第五章
美国法院参与跨国司法对话的新理论：国内法院作为协调者

出国和美国之间存在着某种联系"。Fontana,前注20,第550页。值得一提的是,肯尼迪大法官在进行比较分析过程中,援引了欧洲法律判例;因此,他的分析比典型的"系谱比较主义逻辑"更为宽泛。同上。肯尼迪大法官认为:"我国法律系统从英国法律演化而来,在某种程度上两个系统具有一致性,因此,我们在解释宪法时应当研究英国法律史。"同上。丰塔纳指出肯尼迪大法官在罗文诉美国案中[Loving v. United States,517 U. S. 748,759-67(1996)]依据的是"狭义的系谱比较主义逻辑"。Fontana,前注20,第550页。

〔359〕 Fontana,前注20,第550页(论系谱比较主义)。

〔360〕 正如上文所说,肯尼迪大法官引用了关于同性亲密行为的外国实践的简要意见。见前注357。

〔361〕 劳伦斯案,539 U. S. ,第598页(斯卡利亚法官,反对意见)。

〔362〕 539 U. S. ,第577页。

〔363〕 同上。

〔364〕 同上,第576页("当判例的效力被削弱时,其他法律渊源则更为重要。")。

〔365〕 同上,第576—577页。

〔366〕 同上,第598页(斯卡利亚大法官,反对意见)。

〔367〕 笔者对几个大法官反对援引外国判例的态度进行了论述(见前注6),并讨论了在宪法分析中援引外国法可能遇到的政治阻力。见第四章。

〔368〕 见 *Lawrence*,539 U. S. ,第598页(斯卡利亚大法官,反对意见)。

〔369〕 笔者在第五章第一部分第1点论述了"不参与"选项。

〔370〕 539 U. S. ,第598页。

〔371〕 同上。

〔372〕 同上(引自 Bowers v. Hardwick,478 U. S. ,第193—194页)。

〔373〕 笔者在第五章第一部分第2点对"法院作为调解者"这一

观点进行了论述。

〔374〕 见第五章第一部分。

〔375〕 125 S. Ct. 1183(2005).

〔376〕 492 U. S. 361(1989).

〔377〕 同上。早前,最高法院就认定对16岁以下儿童处以极刑构成残忍且不常见的处罚方式。见 Thompson v. Oklahoma,487 U. S. 815(1988)。在汤普森案(*Thompson*)中,法院设置了一个标准,以判断某种惩罚方式是否是残酷或罕见的,并且判定"礼仪应当随着社会的成熟逐渐演进,并指导法官作出判决"。同上,第821页〔引自 Trop v. Dulls, 356 U. S. 86,101(1958)〕。在作出上述决定时,法院讨论了是否有证据证明当前存在一种"国家共识",即禁止处决16岁以下的犯人。见487 U. S.,第826—829页。

〔378〕 见 State *ex rel.* Simmons v. Roper, 112 S. W. 3d 397, 399(2003)。

〔379〕 见前美国外交官莫顿·阿布拉莫维茨(Morton Abramowitz)等法庭之友提交的简易诉状,第18—19页,*Simmons*(No. 03-633)。

〔380〕 比较 Buell v. Mitchell,274 F. 3d 337(第六巡回法院,2001年)(判决俄亥俄州死刑法规不违反美国根据条约承担的义务或国际习惯法)和 Chambers v. Bowersox,157 F. 3d 560(第八巡回法院,1998年)(法院不赞同外国判例法认为"死囚区现象"不构成残酷且罕见的惩罚方式的主张)与 *State ex rel. Simmons*,112 S. W. 3d,第411页(法院在宣布处决青少年犯罪者的法律无效时,援引了外国法律规范)。

〔381〕 见125 S. Ct. 1183,1192-95。

〔382〕 同上,第1194—1198页。

〔383〕 同上,第1198—1200页。

〔384〕 同上,第1198页。

〔385〕 同上,第1200页。

〔386〕 同上,第1216页。虽然奥康纳大法官赞同法院采用的分

第五章
美国法院参与跨国司法对话的新理论：国内法院作为协调者

析方式,但她不赞同法院对于证据的评估。在反对意见中,她指出:"我不相信国家已经就反对青少年死刑这个问题达成了真正的共识,并且法院提出的道德均衡理论无法证明一种绝对的、基于年龄的宪法规范是合理的。我无法赞同法院提出的国际共识。"同上,第1215页。

〔387〕 同上,第1229页。

〔388〕 在这一点上,斯卡利亚大法官评论道:"奥康纳大法官认为国际共识至少可以'证明一致且真实的美国共识'是合理的。这当然说不通,除非它可以阐明这一共识的不合理之处。美国原则只能选择独善其身,或者跟随世界的潮流,毕竟鱼与熊掌不可兼得。"同上,第1228页脚注9。

〔389〕 如笔者对"国际反多数主义困境"的讨论。见第五章第一部分第2点 b 项。

〔390〕 同上,第1199页。他同时引用了《美洲人权公约》(the American Convention on the Human Rights)和《非洲儿童权利与福利宪章》(the African Charter on the Rights and Welfare of the Child)中的类似条款。同上。

〔391〕 同上。

〔392〕 同上,第1200页。

〔393〕 同上,第1226页(斯卡利亚大法官,反对意见)("除非法院授权兵工厂代表美国参与缔结且正式批准条约,否则我看不出这一证据是如何支持法院立场的。我国宪法授权参议院和总统以缔结条约的权力,但是这两个机构拒绝参加或批准禁止处决18岁以下犯人的条约,这一举动表明我国还未就这一问题达成国家共识,或者达成的共识与法院宣称的共识是相悖的。")。

为回应密苏里州提出的类似主张,法院根据多数规则裁定参议院就 ICCPR 第6条第5款行使保留权,但这只能"证明我国尚未就青少年死刑达成国家共识",且证明力度微弱。同上,第1193页。法院指出,自从参议院于1992年同意行使保留权后,已经有五个州先后废除了青少年死刑。在1994年,议会也拒绝将青少年死刑纳入《联邦死刑法案》

规范协调与角色选择
跨国司法对话在制定与施行国际法中的作用

(the Federal Death Penalty Act)中。同上。

〔394〕 同上,第1199页。他讨论了英国废除青少年死刑的情况,指出:"鉴于我国与英国的历史渊源,以及第八修正案的根源,英国的实践对我国有很强的借鉴意义。"同上。

〔395〕 同上。

〔396〕 法官们就西蒙斯案口头辩论时发表的评论也可以证明法院正逐渐意识到跨国司法对话的同构性,以及这一过程潜在的意义:与外国法院进行对话时,本国法院可以影响外国与国际规范的制定。例如,肯尼迪大法官和金斯伯格大法官对密苏里州检察官詹姆斯·雷顿(James Layton)进行了质询,内容如下:

> 肯尼迪大法官:确认一下我们的立场……我们的行为可以影响其他地方人的思想吗?
>
> 雷顿先生:我——我还未曾看到任何法庭意见对此进行明确表示,阁下。
>
> 肯尼迪大法官:在你看来,托马斯·杰斐逊(Thomas Jefferson)认为我们在这里做的一切不会对世界其他地区产生任何影响吗?
>
> 雷顿先生:我相信很多美基人都认为他们在引领世界,而且我承认我们正在引领世界。但是杰斐逊认为引领世界的方式是通过立法,而非法院。
>
> 金斯伯格大法官:但是他也说了为了引领世界,我们应当对他人的意见表示尊重,不是吗?
>
> 雷顿先生:那——可能吧。

罗珀诉西蒙斯案(Roper v. Simmons)口头辩论副本,第17—18页(No. 03-633),73 U. S. L. W. 3246(2004年10月13日)。

〔397〕 125 S. Ct,第1200页。

第六章 结 论

未来研究美国最高法院历史的学者必然会铭记二十一世纪初——这个法院为其跨国行为者的新身份奠定基础的时代,法官对外国和国际法的兴趣似乎日益增长。[398]在一定程度上,这种兴趣的提升是必然的:正如奥康纳大法官最近所言,"如果法官忠实地履行职责,国际法律规范将不再是一种契约式的存在……"[399]更重要的是,一些法官热衷于参与有关人权问题的跨国司法对话。在这方面,布雷耶大法官认为:"应当着重于在解释宪法和执行人权相关任务时采用比较分析方法。"[400]他总结说,对于法律学者、法律从业者或法官来说,当下是全球法律事业最令人兴奋的时代。[401]

然而,随着各国法院不断国际化,保守势力也正进一步对这一趋势表示反对。例如,斯卡利亚大法官最近宣布他明确反对法院在宪法分析中使用域外法律,他认为域外和国际法律"永远不可能对美国宪法进行解释"[402]。他抱怨说:"有什么理由相信外国的其他观点必然适合我国民众的道德要求和行为方式,以及它们为何能对美国的宪法裁决进行司法层面的影响?这是否真的是法官分内的职能?哪些是,又有哪些不是呢?"[403]美国众议院目前正在审议一项表达众议院意见的决议,即美国法律的司法裁决不应以外国法律来源为依据,这种保守观念的冲击已经从学术界和司法界扩大到国会中。[404]

当前就这种强烈的反对可能对法院参与有关宪法问题的跨国司法对话产生何种影响还尚未可知。然而,从长远来看,正如斯卡利亚大法官预测的那样,在法院的宪法判例中援引域外法似乎代表"未来的趋势"[405]。可以确定的是,在未来几十年里,美国法院将面临越来越多的跨国冲突,这些冲突可能会使美国法院与外国法院以及国际法院就更广泛的法律问题进行对话。针对这种做法的合法性而言,需要为美国参与跨国司法对话制定一个原则性的解释框架,而目前在这方面仍有大量工作要做。笔者在本书中提出

第六章
结　论

了相应的框架雏形,认为首先必须承认对话的共构性。无论是国际规范的内化者,还是国际规范的制定者,美国法院都可以在新兴的跨国司法对话中对跨国规范或是国际规范产生重要影响。

规范协调与角色选择
跨国司法对话在制定与施行国际法中的作用

注 释

〔398〕 见前注40。

〔399〕 见 Hope Yen, O'Connor Extols Role of International Law, ASSOCIATED PRESS, http://www.monetereyherald.com/mld/montereyherald/10029652.htm。奥康纳大法官评论道,越来越多的案件要求法院对外国法和国际法进行全面的理解。作为例证,她引用了法院就古巴关塔那摩海湾扣押囚犯现象进行的判决。同上。

〔400〕 Stephen Breyer, Keynote Address Before the Ninety-Seventh Annual Meeting of the American Society of International Law(2003年4月4日), in 97 AM. SOC'Y INT'L L. PROC. 265,265(2003)〔引自 Ruth Bader Ginsburg & Deborah Jones Merritt, *Affirmative Action: An International Human Rights Dialogue*, 21 CARDOZO L. REV. 253,282(1999)〕。

〔401〕 同上,第268页。

〔402〕 Antonin Scalia, Keynote Address Before the Ninety-Eighth Annual Meeting of the American Society of International Law: Foreign Legal Authority in the Federal Courts(2004年3月31日—4月3日), in 98 AM. SOC'Y INT'L L. PROC. 305,307(2004)。相反,斯卡利亚大法官认为在解释条约时,外国判例法具有高度相关性。同上,第305页。在奥林匹克航空公司诉侯赛因案〔Olympic Airways v. Husain,540 U.S. 644,658(2004)〕(斯卡利亚大法官,反对意见)中,他批判了法院拒绝让外国法院解释《华沙公约》(the Warsaw Convention)的行为。同上。见 Melissa A. Waters, *Justice Scalia on the Use of Foreign Law in Constitutional Interpretation: Unidirectional Monologue or Co-Constitutive Dialogue?*, 12 TULSA J. COMP. & INT'L L.(2005)(斯卡利亚大法官的评论)。

〔403〕 Scalia,前注402,第310页。

〔404〕 众议院第568号决议内容如下:

第六章
结　论

经众议院决定,法院在解释法律时不应全部或部分依据外国判决、法律或声明,除非上述内容已被立法机构纳入法律体系,或反映美国对法律原本含义的理解。

[405] Scalia,前注402,第309页。

译后记

自本科在复旦大学开始学习国际政治起,就茫然无章地涉足国际法、国际关系等领域,阅读了一些中译著作,当时就感到,国内这一领域的研究与西方学术界差距不小,在理解层面更显得力不从心。于是一边决心有机会也要争取译介一些西方学者的优秀著作,一边准备出国读研继续深造。

如今在华盛顿圣路易斯大学法学院进行博士阶段的学习和研究,有幸结实了沃特斯教授。我至今无法忘记上沃特斯教授的对外关系法第一堂课时眼前一亮的感觉,随后整个学期的课程学习更是我学业生涯中不可多得的高峰体验。出于对教授的仰慕,课后开始仔细研读教授的著作,更为其体大思精所折服。随后毛遂自荐,商量是否可以把教授的作品翻译成中文。教授爽快答应,紧接着联系版权、作者授权,一切还算顺利。

人们总是以延续的眼光去看待自然科学,认为科学家是站在前人的肩膀上,不断将学科往前推。其实社会

规范协调与角色选择
跨国司法对话在制定与施行国际法中的作用

科学也是一样,每个看似石破天惊的理论中,都能看到前辈们的影子。在翻译本书时,我看到了纽黑文学派曾努力推动国际法与国际政治走向正和博弈;跨政府主义者对国际合作去中心化趋势的深度剖析;跨国法律程序学派对确保国际法得到切实遵守作出的不懈努力。而正是在本书的翻译过程中,激发了我对国际法遵守理论的研究冲动,并决定以此为博士学习期间的主要研究方向。

在一年多的翻译过程中,始终得到沃特斯教授的及时帮助。因学养和语言能力所限,对书中有诸多不解之处,或集中求教,或个别问询,教授总是及时回复,且一丝不苟。在此感谢沃特斯教授的帮助和指导。我还要感谢知识产权出版社庞从容女士、唐仲江先生的好意玉成,他们在编辑、排版、出版等方面事无巨细,提供了宝贵的建议。本译著尽最大限度保留了作者原文中的讨论,以保持本作品原貌和对作者的尊敬。由于时间仓促,工作量大,难免疏失,欢迎读者批评指正。当然,书中所有的中译错误,都应由译者承担。

沈维敏
2019 年 4 月
于密苏里州圣路易斯市